Renate und Christian Jeblinger
Hrsg. Elisabeth Göllner-Kampel

Langlauf- und Loipenführer

für Salzburg, Flachgau, Tennengau

und Berchtesgadener Land

über 70 Loipen

vom Anfänger bis zum Profi

wandaverlag.at

Wir freuen uns über Rückmeldungen, Eindrücke, Hinweise an:
Wanda Kampel VerlagsKG, Römerstraße 16, A-5081 Anif, Tel.: +43 (0) 6246/73544

Grafische Gestaltung, Satz und Illustrationen: Sabine Köth
Textgestaltung: Mag. Elisabeth Göllner-Kampel
Lektorat: Mag. Johanna Weber
Kartografie: MSc Eva Maria Haslauer
Druck: Österreich

ISBN: 978-3-9502908-4-4
Langlauf- und Loipenführer für Salzburg, Flachgau, Tennengau und Berchtesgadener Land.
Über 70 Loipen vom Anfänger bis zum Profi. Klassisch und Skaten.
Sonderkapitel: für EinsteigerInnen; schneesichere Loipen, Flutlichtloipen.
Verlag: wandaverlag.at Wanda Kampel VerlagsKG, Römerstr. 16, A-5081 Anif b. Salzburg

Fotos: von den Autoren, anderenfalls namentliche Nennung beim Foto
Umschlagbild vorne: Postalm
Umschlagbild hinten: Thalgau Berg: Ibetsberger
Umschlagbild hinten, innen v. l. n. r.: Königssee: Schnöll-Reichl; Postalm: nr22.com; Anfang: Sport Auer; Postalm: nr22.com.

PEFC

ClimatePartner
klimaneutral gedruckt

Zertifikatsnummer:
316-53385-0911-1073
www.climatepartner.com

Dank: Unser Dank gilt allen, die uns wertvolle Tipps, Vorschläge und Fotos gegeben haben. Für die Mithilfe und tatkräftige Unterstützung danken wir besonders: Fam. Salentinig („die Sali's“), Auer Rudi, Ralf Hauser und Elvira Kronbichler sowie unseren Ausstattern Rossignol, Garmin und adidas eyewear.

Vorwort

Vor Jahren hat mich eine Buchhändlerin (Danke!) aus Salzburg, die den Sport neu entdeckt hatte, gefragt, ob mein Verlag nicht einen Langlaufführer herausgeben könnte. Es wäre für sie sehr hilfreich, wenn es eine Übersicht über die Loipen der Umgebung gäbe.

Es dauerte ein bisschen, bis ich im Ehepaar Jeblinger endlich die perfekten LangläuferInnen für das Projekt gefunden hatte. In mühevoller Arbeit sind sie alle Loipen mit GPS-Geräten, die uns von Garmin dankenswerterweise zur Verfügung gestellt wurden, abgelaufen, haben geeignete Ausgangspunkte mit Parkmöglichkeiten gesucht oder solche mit Anbindung an öffentliche Verkehrsmittel.

Jedoch – wie können die gesammelten Daten so benutzergerecht gestaltet werden, dass sie allen Ansprüchen gerecht werden? Langlaufen ist für jede Altersgruppe und jedes Niveau geeignet. Vom Schulkind bis zum Senior, vom Sonntagswanderer bis zur Leistungssportlerin. Welche Informationen können die verschiedenen Bedürfnisse der unterschiedlichen Gruppen abdecken, ohne zu überladen?

Wir hoffen, dass es uns mit dem vorliegenden Buch gelungen ist, den meisten Ansprüchen gerecht zu werden. Da es auf einem neuen Konzept meines Verlages basiert, freue ich mich über jede Kritik und jeden Erfahrungsbericht – via Homepage www.wandaverlag.at , Mail, Telefonat oder der Antwortkarte im Anhang – wir wollen stetig besser werden.

Viele schöne Stunden beim Langlaufen und danke für's Weiterempfehlen ;-)!

Elisabeth Göllner-Kampel
(Herausgeberin)

Autorin / Autor

Renate Jeblinger
Renate Jeblinger verbrachte ihre Kindheit im Pinzgau. Ihr Organisationsgeschick und ihre Reiselust brachten sie bald in die Eventarbeit – u.a. für das österr. Mountainbike Downhill Nationalteam. Seit 2000 betreibt sie eine eigene Eventagentur und ist damit erfolgreich in der ganzen Welt unterwegs.
Neben Langlaufen und Schitouren im Winter liebt sie Mountainbiken, Rollerskaten (Langlaufroller) und alles, was mit Motoren zu tun hat.

Christian Jeblinger
Christian Jeblinger ist seit seiner Kindheit mit dem Sport verwurzelt. Dank seiner Eltern wurde ihm die Möglichkeit geboten, eine Vielzahl von Sportarten auszuprobieren.
Auch Christian lebt seit vielen Jahren im Umland von Salzburg und betreibt – beruflich wie privat - neben Langlaufen und Schitouren noch Laufen, Radfahren und Mountainbiken.

Vorwort der Autoren

Langlaufen ist unsere Leidenschaft, und dieses Buch stellt eine direkte Reflektion dieser Einstellung dar. Schon in jungen Jahren wurde Christian durch seine Eltern die Möglichkeit geboten, eine Vielzahl von Sportarten auszuprobieren, wofür er ihnen auch heute noch sehr dankbar ist. Ich bin dafür wiederum ihm zu Dank verpflichtet, weil er mich eigentlich relativ spät in meinem Leben noch zum Sport führte. Heute können wir uns die Begeisterung für das Langlaufen teilen, wodurch das Erlebnis jedes Mal aufs Neue nochmals umso schöner ist.

Natürlich sind wir etwas verwöhnt, da praktisch vor unserer Haustür eine Loipe vorbeiführt. Obwohl es unsere Heimat ist, waren wir bei der Erstellung dieses Führers überrascht, welche Vielzahl an phänomenalen Loipen in der Umgebung von Salzburg existieren. Nach dieser Erfahrung können wir nur empfehlen: Es zahlt sich aus, neue Loipen zu erkunden. Es war eine große Freude, neue Gebiete und Langlaufstrecken in wunderschönen Lagen zu entdecken. Man wird fast süchtig.
Unglücklicherweise konnten wir aufgrund von widrigen Witterungs- oder Schneebedingungen manche Spuren nicht aufnehmen. Wir freuen uns aber über Ihren Hinweis, welche Spur in dieser Sammlung fehlt.

Zusammenfassend können wir sagen, dass Langlaufen für uns eine der schönsten und gesündesten Wintersportarten ist – sowohl für die Psyche als auch für den Bewegungsapparat. Ob alleine oder mit Familie und Freunden, etwas Schöneres als die Erholung in der frischen Luft der Salzburger Natur gibt es in der heutigen stressigen und schnelllebigen Zeit kaum noch.

Viel Spaß beim Lesen und Erkunden
Renate und Christian Jeblinger

Zeichenerklärung für Überblickstabellen

(detailierte Erklärungen nach den Tabellen)

Balken für Länge:
Exakte Angaben bei der jeweiligen Beschreibung der Loipe.

Schwierigkeitsgrad:

- leicht
- mittel
- schwer

alle Loipen sind Klassisch, Loipe zum Skaten

Hm: Über die gesamte Loipe aufwärts zu laufende Höhenmeter

Schneesicherheit: ✻✻✻✻✻ sehr gute Schneesicherheit
✻ geringe Schneesicherheit

Wartung: ★★★★★ sehr gute Wartung
★ fallweise Wartung

Öffis: Die Loipe kann mit öffentlichen Verkehrsmitteln erreicht werden. Angaben im Anhang.

EinsteigerInnen/Verleih: das erste x gibt an, ob die Loipe auch für EinsteigerInnen geeignet ist, das zweite x gibt an, ob sich in unmittelbarer Nähe ein Verleih befindet.

Inhaltsangabe

Überblickstabelle der Loipen

I. Südl. Flachgau & Tennengau	Schw. Grad	Länge 5km	10km	15km	Seite
1. Hellbrunn	● (blau)				30
2. Anif - kleine Runde	● (blau)				33
3. Grödig - große Runde	● (blau)				34
4. Grödig - Untersbergloipe	● (blau)				35
5. Adnet - Europaloipe	● (rot)				38
6. Adnet - Dorfloipe	● (blau)				39
7. Krispl - Winkler Loipe	● (schwarz)				40
8. Bad Vigaun - Kurloipe 1	● (blau)				44
9. Bad Vigaun - Kurloipe 2	● (blau)				44
10. Kuchl - Jadorfloipe	● (blau)				46
11. Kuchl - Gasteigloipe	● (rot) ● (schwarz)				47
12. Golling - Bluntautalloipe	● (rot)				50
13. Golling - Gölloipe	● (rot)				51
14. Golling - Salzachuferloipe	● (blau)				51
15. Abtenau - Flutlichtloipe	● (blau)				55
15. b Abtenau - Verbindungsloipe	● (schwarz)				55
16. Abtenau Auloipe I kl. Runde	● (rot)				56
17. Abtenau Auloipe I	● (rot)				57
18. Abtenau Auloipe II	● (blau)				58

	Hm	Skaten	Flutlicht	Schnee-sicherheit	Wartung	Öffis	Einsteiger-Innen/ Verleih
	10	⛷		❄	★	x	x/-
	11			❄	★	x	x/-
	25			❄	★	x	x/-
	25			❄	★	x	x/-
	93			❄❄❄	★★★	x	
	20			❄❄❄	★★	x	x/-
	135			❄❄❄	★★★★	x	
	17	⛷		❄	★	x	x/x
	11			❄	★	x	x/x
	9	⛷		❄	★★★	x	x/-
	97	⛷	x	❄❄❄❄	★★★★		
	74			❄❄❄	★★★★		
	82			❄❄	★★★		
	27			❄	★★	x	x/-
	10	⛷	x	❄❄❄❄	★★★★★	x	x/x
	80	⛷		❄❄❄❄	★★★★★		-/x
	65	⛷		❄❄❄❄	★★★★★		-/x
	131	⛷		❄❄❄❄	★★★★★		-/x
	45	⛷		❄❄❄❄	★★★★★		x/x

Hm	Skaten	Flutlicht	Schnee-sicherheit	Wartung	Öffis	Einsteiger-Innen/ Verleih
65	⛷		❄❄❄	★★★		
17	⛷		❄❄❄❄	★★★		x/x
55	⛷		❄❄❄❄	★★★		-/x
69	⛷		❄❄❄❄	★★★		-/x
20	⛷		❄❄❄❄	★★★★★		x/-
26	⛷		❄❄❄	★★★		x/x
33	⛷		❄❄❄	★★★		x/x
33	⛷		❄❄❄	★★★		x/x
28	⛷		❄❄❄	★★★		x/x
146	⛷		❄❄❄	★★★★★		
101	⛷		❄❄❄	★★★		
92	⛷		❄❄	★★★		
15	⛷	x	❄❄❄❄	★★★★★	x	x/x
31	⛷		❄❄❄❄	★★★★★	x	-/x
57	⛷		❄❄❄❄	★★★★★	x	-/x
21	⛷		❄❄❄❄	★★★★★	x	-/x
45	⛷		❄❄❄❄	★★★★★	x	-/x
40	⛷		❄❄❄	★★★	x	
40	⛷		❄❄❄	★★★	x	x/-
67	⛷		❄❄❄	★★★		
28	⛷		❄❄	★★★		x/x
6	⛷		❄❄	★★★		x/x

II. Berchtesgadener Land	Schw. Grad	Länge 5km	10km	15km	Seite
41. Marzoll klein I	● ●				90
42. Marzoll groß II	● ●				91

III. Nördlicher Flachgau	Schw. Grad	Länge 5km	10km	15km	Seite
43. Eugendorf - Dorfloipe	●				95
44. Eugendorf - Unzingloipe	● ●				96
45. Seekirchen	● ●				97
46. Mattsee - Egelseeloipe	● ●				99
47. Neumarkt - Dorfloipe	●				101
48. Henndorf - Dorfloipe	● ●				103

IV. Östlich von Salzburg	Schw. Grad	Länge 5km	10km	15km	Seite
49. Gaisberg - Oberwinkel	●				108
50. Koppl - Sonnenloipe	●				111
51. Ebenau - Mühlenloipe	●				114
52. Ebenau - Pitrachloipe	●				115

Hm	Skaten	Flutlicht	Schnee-sicherheit	Wartung	Öffis	Einsteiger-Innen/ Verleih
13	⛷		❄❄	★★		
65	⛷		❄❄	★★		

Hm	Skaten	Flutlicht	Schnee-sicherheit	Wartung	Öffis	Einsteiger-Innen/ Verleih
58			❄	★★★	x	
82			❄	★	x	x/-
132			❄	★★		
91			❄	★★★	x	
29			❄	★★★	x	x/-
201			❄	★★★	x	

Hm	Skaten	Flutlicht	Schnee-sicherheit	Wartung	Öffis	Einsteiger-Innen/ Verleih
66	⛷		❄❄❄	★★★		
97	⛷		❄❄❄	★★★	x	
76			❄❄❄	★★★★★	x	x/-
29	⛷		❄❄❄	★★★★★		x/-

IV. Östlich von Salzburg	Schw. Grad	Länge 5km 10km 15km	Seite
53. Hof bei Sbg. - Dorfloipe	● ●		117
54. Hof bei Sbg. - Gängloipe	●		118
55. Thalgau Dorf - Tal-Loipe	●		119
56. Thalgauberg - Wasenmoos 1	●		123
57. Thalgauberg - Wasenmoos 2	●		123
58. Thalgauberg - Flutlicht	●		124
59. Thalgauberg - Sonnenloipe	●		125
60. Faistenau - Dorfloipe	●		127
61. Faistenau - Nachtloipe	● ●		129
62. Faistenau - Tiefbrunnauloipe	● ●		130
63. Faistenau - Oberascherloipe	●		131
64. Hintersee - Dorfloipe	● ●		134
65. Hintersee - Lämmerbachloipe	● ●		134
66. Fuschl - Perfall-Loipe	●		136
67. Abersee - Seeuferloipe	●		139
68. Strobl - Blinklingmoosloipe	● ●		140
69. Strobl - Weißenbachloipe	●		141
70. Postalm - Lienbachloipe	● ●		145
71. Postalm - Verbindungsl.	● ●		146
72. Postalm - Panoramaloipe	● ●		146

Hm	Skaten	Flutlicht	Schnee-sicherheit	Wartung	Öffis	Einsteiger-Innen/ Verleih
130	⛷		***	★★★	x	
213	⛷		***	★★★	x	
73			**	★★★	x	x/-
112	⛷		*****	★★★★★		-/x
70	⛷		*****	★★★★★		x/x
29	⛷	x	*****	★★★★★		-/x
111			****	★★★★★		-/x
197	⛷		*****	★★★★★	x	-/x
130	⛷	x	*****	★★★★★	x	-/x
276			*****	★★★★★	x	-/x
31			*****	★★★★★	x	x/-
151			*****	★★★★★	x	
158			*****	★★★★★	x	
123	⛷		**	★★★	x	
73	⛷		**	★★★★★	x	x/-
72	⛷		**	★★★★★	x	-/x
188	⛷		**	★★★★★	x	-/x
90	⛷		*****	★★★★★		-/x
135	⛷		*****	★★★★★		-/x
245	⛷		*****	★★★★★		-/x

Allgemeine Hinweise

Die großen Pluspunkte dieser Sportart

Langlaufen

- gibt im Winter die Möglichkeit, sich in schöner Naturlandschaft zu bewegen
- stärkt das Immunsystem
- ist ein Ganzkörper- und Koordinationstraining
- hat ein geringes Verletzungsrisiko
- ist für Jung & Alt, GenusssportlerInnen wie für LeistungssportlerInnen geeignet
- ist kostengünstig
- kann auch am Abend ausgeführt werden
- verursacht kaum Belastungen für die Umwelt

Foto: nr22.com

Schwierigkeitsgrad

Wichtiger Hinweis – Schneebedingungen:
Die Einstufungen wurden vom Autor und der Autorin nach gewissenhafter Prüfung vorgenommen. Je nach Schnee- und Witterungsbedingungen können sich die Loipen verändern. Wenn z.B. eine blaue Loipe vereist, kann der Schwierigkeitsgrad um mindestens eine Stufe erhöht werden, d.h. eine blaue Loipe wird dann rot.
Eine exakte Bewertung der Schwierigkeit ist daher nicht möglich. Alle Werte sind nur als Richtwert anzunehmen und sind subjektive Beurteilungen, eine Haftung dafür kann nicht übernommen werden.

● **Blau = Leicht**
Diese Loipe ist meist flach und weist nur geringe Steigungen auf. Alle blauen Loipen sind bei „weichen" Schneebedingungen auch für AnfängerInnen geeignet. Grundvoraussetzung ist jedoch ein Mindestmaß an Gleichgewicht und koordinativen Fähigkeiten.

● **Rot = Mittelschwer**
Die Loipe weist mittlere Steigungen auf. Hier sollte man bereits geübt sein, bei eisigen Schneebedingungen, wenn die Abfahrt zu schnell wird, aus der Spur steigen können, bzw. generell Abfahrten und Aufstiege technisch und konditionell bewältigen können.

● **Schwarz = Schwierig, anspruchsvoll**
Diese Loipen sind nur für technisch wie konditionell Versierte geeignet.

Länge und Höhenmeter:

Die Loipen wurden mit Garmin GPS-Geräten abgelaufen und die Daten exakt übernommen. S. u. Skizzen und Zeichenerklärung.

Schneesicherheit:

Die Schneesicherheits - „Schneeflocken" wurden gewissenhaft, nach Begutachtung vor Ort unter Berücksichtigung von Licht und Schatten, Lage sowie Höhenlage vergeben. Die Schneesicherheit wurde in Relation zu den gesamten, beschriebenen Loipen beurteilt, wobei fünf „Schneeflocken" die höchste Schneesicherheit bedeuten, eine Schneeflocke die geringste. Die Schneebeschaffenheit beeinflusst die Qualität und den Schwierigkeitsgrad der Loipe wesentlich.
Leider gibt es in vielen Fällen keine örtlichen Stellen, wo tagesaktuell nachgefragt werden kann, ob eine Loipe benützbar ist oder nicht. Das hängt vom Engagement der Verantwortlichen ab. Eine Professionalisierung mancherorts gerade hinsichtlich der Benützbarkeit (wie beim alpinen Sport z.B. der Schneebericht) wäre wünschenswert.
Empfehlenswert: www.berchtesgadener-land.com - Winter - Schneebericht

Wartung:

Grundsätzlich kann man grob davon ausgehen, dass dort, wo Gebühren eingehoben werden, die Wartung sehr gut ist. Natürlich hängt dies auch stark von den Schneebedingungen ab. Der ambitionierteste Verein kann keine optimale Spur präparieren,

wenn es keinen Schnee gibt und natürlich verstehen wir, dass vielen engagierten Vereinen nicht die besten Geräte zur Verfügung stehen. Wir bitten die Vereine, Privatinitiativen und Betreuer der Loipen um Verständnis, dass wir bei der Beurteilung der Loipe auf diese Gegebenheiten keine Rücksicht nehmen konnten. Wir möchten unbedingt darauf hinweisen, dass wir das Engagement aller Beteiligten sehr schätzen. Wir finden es großartig, wenn Freiwillige für die Bevölkerung eine Spur im Gelände ziehen und haben großes Verständnis dafür, dass diese Loipen in der Freizeit nicht auch noch perfekt gewartet werden können. Jedoch für unsere Leserinnen und Leser mussten wir eine vergleichbare Wertung einführen. Die Bewertung in Sterne wurde von uns nach bestem Wissen und Gewissen, nach subjektiver Einschätzung, kritisch und unabhängig vorgenommen.

Skizzen:

Wir haben die GPS-Daten der Garmin-Geräte zur groben Orientierung in die Skizzen eingespeist. Natürlich kann es sein, dass aufgrund geänderter Besitz- oder Schneeverhältnisse die Spur durch die Betreuer verändert wird. Auch können unsere Aufnahmen von örtlichen Karten abweichen, da nicht jedes Jahr die gleichen Bedingungen vorherrschen. In die Skizzen wurden nur wichtige Orientierungspunkte wie Gaststätten, Parkplätze usw. aufgenommen. Wir bitten zu bedenken, dass die Proportionen der Karten untereinander abweichen.
Die Strecken und Höhenprofile wurden mit Hilfe von Garmin-Geräten Oregon 450t zusammen mit Topo Trans-Alpin Karten aufgezeichnet. Wir bedanken uns an dieser Stelle nochmals herzlich für die zwei Geräte, die uns von der Firma Garmin zur Verfügung gestellt wurden sowie für die technische Unterstützung.

Loipengebühren:

Die Einhebung ist unterschiedlich. Manchmal geht jemand herum, der abkassiert, manchmal gibt es beim Loipeneinstieg eine Spardose oder ein Kuvert, manchmal gibt es Parkgebühren.
Fast überall gibt es vor Ort jedoch Hinweisschilder, wo und wie der Obulus zu entrichten ist.
Manche Gebiete verkaufen auch Saisonkarten, wie z.B. Thalgauberg, Faistenau und teilweise Gaisberg.

Ausgangspunkt/Parken:

Das Erkunden von geeigneten Ausgangspunkten mit Parkmöglichkeit gestaltete sich als schwierig. Teilweise gab es bei den offiziellen Einstiegsstellen einfach keine Parkmöglichkeiten in Gehdistanz. Wir haben deshalb in teils mühevoller Suche jene Startpunkte angegeben, wo es eine gute Möglichkeit zum Parken oder – im optimalsten Fall – eine Anbindung an öffentliche Verkehrsmittel gibt.

Anfahrt/Navi-Adresse:

Wir haben die Anfahrt in den meisten Fällen ab der nächsten Autobahnausfahrt beschrieben, was natürlich nicht heißt, dass es nicht kürzere Wege aus verschiedenen Richtungen gibt. Bei der Navi-Adresse haben wir – wenn eine exakte Adressangabe nicht möglich war – die nächst mögliche Adresse angegeben. Wir bitten in diesem Fall, auf die Anfahrtsbeschreibung zu achten.

Infos/Gaststätten:

Hier finden sich allgemeine Informationen, Telefonnummern von TVB's (Tourismusverbände) etc.
Wir haben jeweils die Gaststätten in unmittelbarer Nähe der Loipen angeführt. In Dörfern und Städten gibt es meist eine größere Auswahl, die wir nicht aufgelistet haben.

Schiverleih/Service:

Hier wurden die nächstgelegenen Adressen angeführt, wobei wir keinen Anspruch auf Vollständigkeit erheben. Wir freuen uns über Meldungen von weiteren Anbietern.

Langlaufen – FIS Verhaltensregeln

1. Rücksichtnahme

Jeder Langläufer muss sich so verhalten, dass er keinen anderen gefährdet oder schädigt.

2. Signalisation, Laufrichtung und Lauftechnik

Markierungen und Signale/Hinweisschilder sind zu beachten. Auf Loipen ist in der angegebenen Richtung und Lauftechnik zu laufen.

Anmerkung der Autoren:

Wenn keine Laufrichtung angegeben ist, hat sich eine Laufrichtung gegen den Uhrzeigersinn eingebürgert. Im Buch wurde jeweils auf den Skizzen die Laufrichtung mit Pfeilen angegeben. Es kann jedoch sein, dass die Betreuer der Loipen die Laufrichtung ändern. Wir bitten, die örtlichen Gegebenheiten zu respektieren.

3. Wahl der Spur

Auf Doppel- und Mehrfachspuren muss in der äußerst rechten Spur gelaufen werden. Langläufer in Gruppen müssen in der rechten Spur hintereinander laufen. In freier Technik ist rechts zu laufen.

4. Überholen

Überholt werden darf rechts oder links. Der vordere Läufer braucht nicht auszuweichen. Er sollte aber ausweichen, wenn dies gefahrlos möglich ist.
Anmerkung der Autoren:
Der/die Überholende muss zum Überholen aus der Spur steigen. Beim Skaten sollte man den Vordermann / die Vorderfrau aufmerksam machen, damit diese/r die Chance hat, während des Überholvorganges ein bisschen enger zu laufen.

5. Gegenverkehr

Bei Begegnung hat jeder nach rechts auszuweichen. Der abfahrende Langläufer hat Vorrang.

6. Stockführung

Beim Überholen, Überholtwerden sowie bei Begegnungen sind die Stöcke eng am Körper zu führen.

7. Anpassung der Geschwindigkeit an die Verhältnisse

Jeder Langläufer muss, vor allem auf Gefällstrecken, seine Geschwindigkeit und sein Verhalten dem Eigenkönnen, den Geländeverhältnissen, der Verkehrsdichte und der Sichtweite anpassen. Er muss einen ausreichenden Sicherheitsabstand zum vorderen Läufer einhalten.
Notfalls muss er sich fallen lassen, um einen Zusammenstoß zu verhindern (Notsturz).

8. Freihalten der Loipen

Wer stehen bleibt, muss die Spur verlassen! Ein gestürzter Langläufer hat die Spur möglichst rasch freizumachen.

9. Hilfestellung

Bei Unfällen ist jeder zur Hilfestellung verpflichtet!

10. Ausweispflicht

Jeder, ob Zeuge oder Beteiligter, ob verantwortlich oder nicht, muss im Falle eines Unfalles seine Personalien angeben.

Zur Ausrüstung

Wir raten, beim Kauf auf eine gute Beratung zu achten. Wenn der/die VerkäuferIn selbst LangläuferIn ist, erhöht sich die Qualität der Beratung enorm.

Kleidung

Empfehlenswert ist das Zwiebelsystem. Denn damit kann man, wenn es wärmer wird, schichtweise die Kleidung ausziehen und umgekehrt wieder anziehen.
Natürlich ist funktionelle, atmungsaktive Kleidung am angenehmsten. Stark abdichtende Regen- oder Windstopperbekleidung führt dazu, dass der Schweiß nicht verdampfen kann und man sich nass schwitzt. Zum gemütlichen „Langwandern", also langsamen Laufen genügt warme Wanderbekleidung.
Hauben oder Stirnband und Handschuhe sind immer zu empfehlen. Selbst dünne Handschuhe schützen besser bei Stürzen als keine. Außerdem besteht ohne Handschuhe die Gefahr von Blasenbildung - auch bei Wollhandschuhen durch die ständige Reibung, die bei der Stockarbeit entstehen.

Schuhe:

Auch bei den Schuhen gilt, dass sie als angenehm empfunden werden und keine Druckstellen aufweisen sollen. Auch das ist sehr individuell. Der Autor z.B. schwört auf sehr eng passende Schuhe, wohingegen die Autorin gerade beim klassischen Langlauf die Schuhe um eine Nummer größer nimmt, da ihr dies weniger

Druck auf die Zehen bereitet und bei Stürzen – auch das gibt es bei versierten LangläuferInnen angenehmer ist.
Bei kalter Witterung können eng sitzende Schuhe sehr unangenehm werden. Bei längerem Aufenthalt auf der Loipe, besonders aber bei kleineren Kindern können auch Erfrierungen auftreten.

Länge der Stöcke

Beim Skaten gilt als Richtwert, dass die Länge mit der Unterkante Kinn übereinstimmt. Für manche ist das jedoch nicht angenehm, deshalb ist es wichtig, das eigene Körperempfinden zu prüfen. Für die Autorin ist es z.B. wesentlich angenehmer, mit Stöcken – Höhe Achselhöhle – zu laufen, da ihr die empfohlende Länge Kreuzschmerzen verursacht. Notfalls vereinbaren, dass die Ausrüstung umgetauscht werden kann oder mit Leihgeräten ausprobieren.
Bei Schlaufe und Griff ist wichtig, dass sie für einen selbst angenehm sind.

Schi

Vorab: Gut gewartete Schier, die gut gleiten, bereiten mehr Spaß beim Laufen.

Foto: nr22.com

Klassisch - Schuppen- oder Nowax-Schi (man kann hier auch Wachsschi nehmen) AnfängerInnen empfehlen wir einen Schuppenschi, weil die

Pflege und Wartung (Wachs) viel einfacher ist.
Hier ist es wichtig, dass der Schi nicht nur gleitet, sondern dass er auch bei Steigungen nicht retour rutscht. Es kostet sehr viel Kraft, wenn der Schi beim Abdruck nicht haftet und nach hinten wegrutscht.

Foto: nr22.com

Skaten - Beim Skaten ist es wichtig, dass der Schi an den/die LäuferIn angepasst ist. Bei einem Skatingschi sollte das Körpergewicht, die Länge und das eigene Können gut aufeinander abgestimmt sein. Z.B. hängt ein nicht dem Gewicht angepasster Schi durch, wodurch man nicht oder nur schwer in eine gute Gleitphase gelangen kann. Beim Skaten muss der Schi – ähnlich dem Alpinschifahren – „nur" gut gleiten.

Sonnenschutz nicht vergessen

Sonnenbrille, Creme – die Reflektion des Schnees verstärkt die UV-Strahlung.

Legende

AP	Ausgangspunkt
Bhf.	Bahnhof
ca.	cirka
ganzj.	ganzjährig
geöff.	geöffnet
geschl.	geschlossen
Ghf.	Gasthof, Gasthaus
Hst.	Haltestelle
Info	Information
max.	maximal
P	Parkplatz
tgl.	täglich
teilw.	teilweise
TVB	Tourismusverband
u.v.m.	Und vieles mehr
u.a.	Unten angeführt
Var.1	Variante
WoE	Wochenende
zw.	zwischen

Gasthaus

Spielplatz

Parkplatz

Bahnstation

Bushaltestelle

wichtiger Punkt

Kirche / Kapelle

Wald

Strassen

Wege

Skilift

Bahntrasse

I. Südlicher Flachgau & Tennengau

1 Salzburg – Hellbrunn
(Höhe: ca. 420 m)

Salzburg – Hellbrunn

1. Hellbrunn

Schwierigkeitsgrad: ●	Länge: 2 km	10 Hm
Schneesicherheit: ✱	Wartung: ★	Gebühr: keine

Im schönen Park von Hellbrunn befindet sich eine einfache, kleine und fast flache Loipe. Sie ist optimal von der Stadt mit dem Bus erreichbar. Vormittags liegt die Loipe größtenteils in der Sonne, am Nachmittag jedoch im Schatten.

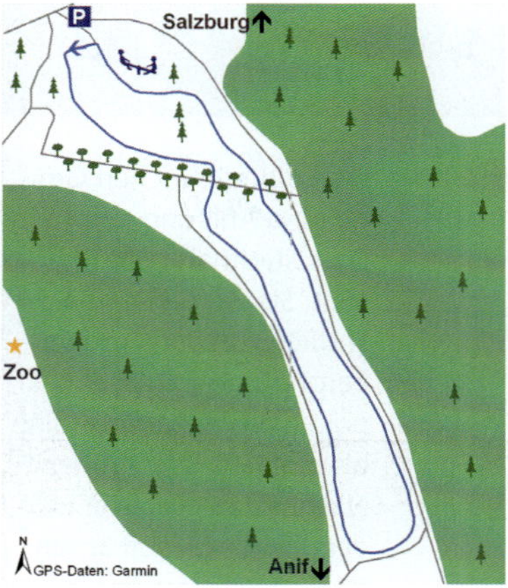

Anfahrt: Autobahnausfahrt Salzburg Süd – Richtung Salzburg. Bei der Kreuzung links Richtung Hellbrunn. Am Zoo vorbei, auf der Höhe des Schlosses rechts abbiegen – am Schloss Hellbrunn vorbei und beim zweiten Parkplatz (teilw. gebührenpflichtig) parken.
Navi-Adresse: Fürstenweg 35, 5020 Salzburg
P Ausgangspunkt/P: Vom Parkplatz durch das große Tor. Unmittelbar dahinter befindet sich der schöne Kinderspielplatz und AP der Loipe.
Infos/Gaststätten: *Das Restaurant Schloss Hellbrunn in unmittelbarer Nähe ist nicht vorrangig auf SportlerInnen ausgerichtet.

Angebote/Tipps:

- **Schloss Hellbrunn** (Museum)
- **Tiergarten Hellbrunn** (Zoo Salzburg), www.salzburg-zoo.at
- **Kinderspielplatz** (im Winter eher ungeeignet, an sich jedoch einer der schönsten Spielplätze in Salzburg)

2–3 Salzburg Süd – Loipen
(Höhe: ca. 430 m)

Die Loipen zwischen Grödig und Anif sind aufgrund ihrer Stadtnähe sehr beliebt. Sie werden ehrenamtlich von der Grödiger Bergrettung mit Skidoo präpariert. Allerdings sollte bis spätestens am frühen Nachmittag gestartet werden, da die Loipen ansonsten im Schatten liegen. Sie sind fast brettleben und können in verschiedenen Varianten gelaufen werden (siehe Skizze).

Anfahrt: Autobahnausfahrt Salzburg Süd – Grödig, Richtung Berchtesgaden. Bei der ersten Kreuzung rechts abbiegen nach Grödig.
Immer der Straße folgen, bis diese in die querende Hauptstraße mündet. Dort rechts Richtung Ortsmitte. Kurz nach einem Fußgängerübergang rechts Richtung Kirche abbiegen. An der Kirche vorbei und immer dem Straßenverlauf (Prötschhofstraße) folgen, bis rechts gut ersichtlich das Fußballstadion liegt. Dort parken.
(Navi-Adresse: 5082 Grödig, Prötschhofstr. 8)

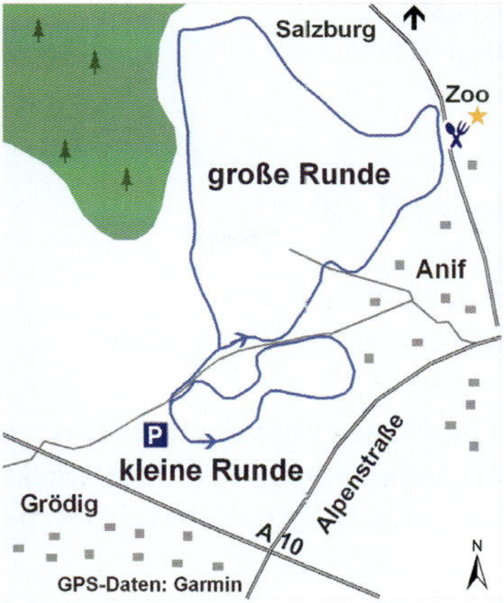

Infos/Gaststätten: *Einkehrmöglichkeiten bei Grödiger Wirten. Am Zufahrtsweg liegt z.B. *Ghf. Sagenhaft, gute Küche, Marktstr. 8, Tel. +43 (0)6246/72959; *Racklwirt, traditionelle Küche, Schützenstr. 15, Tel. +43 (0)6246/72267, Ruhetag: Mi, www.gasthof-racklwirt.at; *Sport- Pointhotel Anif, Tel. +43 (0)6246/74256-0

Angebote/Tipps:

- **Tiergarten Hellbrunn** (Zoo Salzburg), www.salzburg-zoo.at

Salzburg Süd – Loipen

2. Kleine Runde Anif

Schwierigkeitsgrad: ●	Länge: 2,2 km	11 Hm
Schneesicherheit: *	Wartung: ★	Gebühr: keine

Diese Loipe führt Richtung Pointhotel und ist landschaftlich eine Spur weniger attraktiv als die große Runde.

Anfahrt: Siehe Anfahrt Loipengebiet Salzburg Süd: Anif – Grödig.

Navi-Adresse: 5082 Grödig, Prötschhofstr. 8
P **Ausgangspunkt/P:** P Sportanlage/Fußballplatz.

Salzburg Süd – Loipen

3. Große Runde Grödig-Anif

Schwierigkeitsgrad: ●	Länge: 5,4 km	25 Hm
Schneesicherheit: ✱	Wartung: ★	Gebühr: keine

Die große Runde führt über die Wiesen Richtung Hellbrunn und kann mit der Hellbrunner Loipe kombiniert werden. Direkt beim Zoo kann zur Hellbrunner Loipe über die Straße gewechselt werden.

Anfahrt: Siehe Anfahrt Loipengebiet Salzburg Süd: Anif – Grödig.
Navi-Adresse: 5082 Grödig, Prötschhofstr. 8
P **Ausgangspunkt/P:** P Sportanlage/Fußballplatz.

4 Grödig – St. Leonhard
(Höhe: ca. 440 m)

Grödig – St. Leonhard

4. Untersbergloipe

Schwierigkeitsgrad: ●	Länge: 4,1 km	25 Hm
Schneesicherheit: ★★★★★	Wartung: ★★★★★	Gebühr: keine

Direkt am Fuße des Untersbergs befindet sich eine flache Loipe, die zwar nicht spektakulär ist, jedoch gut mit dem Stadtbus erreicht werden kann. Aufgrund der Nähe zum Untersberg liegt sie am Nachmittag vorwiegend im Schatten.
Auch diese Loipe wird ehrenamtlich von der Grödiger Bergrettung gespurt.

Anfahrt: Autobahnausfahrt Salzburg Süd – Grödig – Richtung Berchtesgaden. Bei der ampelgeregelten Kreuzung rechts abbiegen in die Neue

Heimat Straße. Nach ca. 1 km bei der Apotheke links abbiegen und bei der nächsten Abzweigung wieder links auf die Gartenauer Straße. Nach ca. 500 m befinden sich links beim Feuerwehrhaus Parkmöglichkeiten.

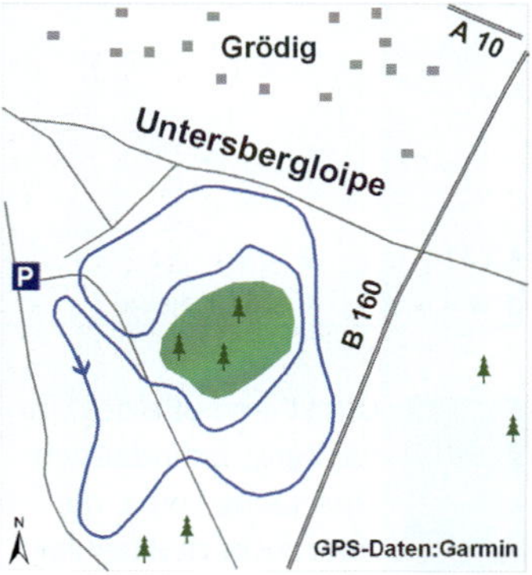

Navi-Adresse: 5082 Grödig, Gartenauer Str. 2

P Ausgangspunkt/P: Direkt hinter dem Feuerwehrgebäude beginnt die Loipe gegen den Uhrzeigersinn.

Infos/Gaststätten: Am Anfahrtsweg befinden sich: *Gasthof zum Faßl, bürgerliche Küche, Hauptstraße 36, Grödig, Tel. +43 (0)6246/75573, Ruhetage: So, Mo; *Chinarestaurant Chang Xing, Hauptstr. 48, Grödig, Tel. +43 (0)6246/73241, Ruhetag: Mo.

Angebote/Tipps:

- **Untersbergseilbahn**, Tel. +43 (0)6246/72477. Die Untersberger Schiabfahrt liebt oder hasst man. Sie ist lang, eher steil und schmal. Wir empfehlen – je nach Schneelage –, die alten Schi auszupacken. Bei der Bergstation gibt's zwei Einkehrmöglichkeiten, wo man – die Sonne genießend – dem Talnebel entfliehen kann.

5–6 Loipen in Adnet
(Höhe: ca. 470 m)

▲ Europaloipe

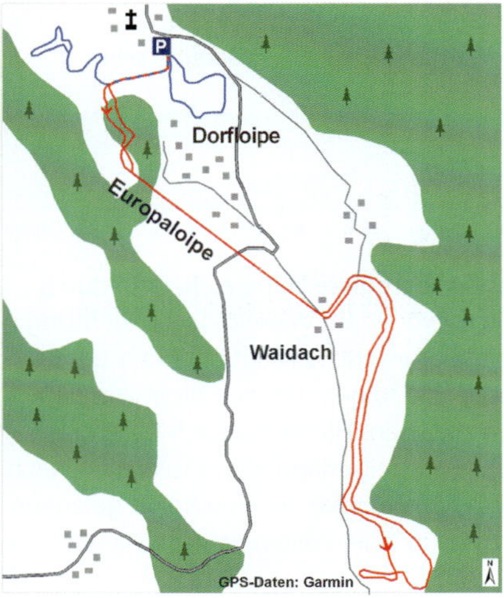

Adnet liegt ein wenig höher und ist daher eher schneesicher. Gerade die Europaloipe ist landschaftlich sehr schön und sehr empfehlenswert. Die anderen sind kurz und für Anfänger gut geeignet.

Anfahrt: Autobahnausfahrt Hallein, 1. Kreisverkehr erste Straße rechts Richtung Wiestal/ St. Gilgen, nach 2,1 km rechts abbiegen Richtung

Adnet/L224 im Ort bis zur Kirche, 50 m nach der Kirche rechts in den P abbiegen. (Navi-Adresse: 5421 Adnet, Adnet 250)

Infos/Gaststätten: *Gasthaus Zum Steinbruch (300 m vom Parkplatz entfernt), Tel: +43 (0)6245/80923, So ab 15.00 Uhr geschlossen, Ruhetag: Mi.

Angebote/Tipps:

- **Marmormuseum Adnet**, Infos bei der Gemeinde, Tel. +43 (0)6245/84041, geöff. Di VM; Do, Sa NM

Loipen in Adnet

5. Europaloipe

Schwierigkeitsgrad: ●	Länge: 8,6 km	93 Hm
Schneesicherheit: ✻✻✻	Wartung: ★★★	Gebühr: keine

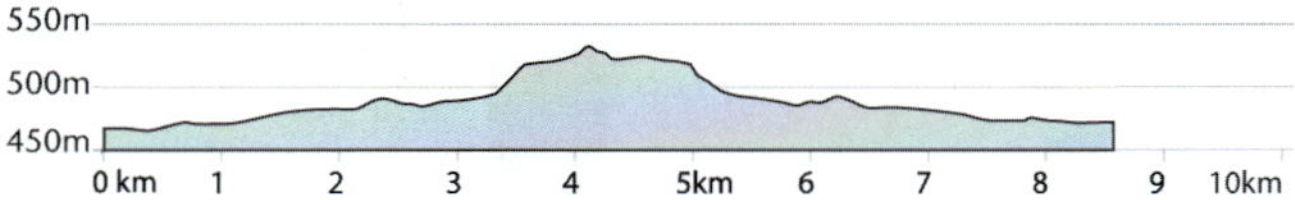

Landschaftlich sehr schön führt diese Loipe zu Beginn durch Schilf und lichten Wald, bevor es auf Wiesenflächen Richtung Waidach geht. Zur Orientierung ist es wichtig, immer der Beschilderung nach Waidach zu folgen und sich nicht von den Abzweigungen beirren zu lassen. Hinter Waidach führt die Loipe auf Wiesen weiter und steigt dann etwas steiler an. Nach einem kurzen Waldstück kommt man auf eine höher gelegene offene Wiese, wo die Loipe in einer weiten Schleife wieder retour führt.

Anfahrt: Siehe Anfahrt Loipen in Adnet.
Navi-Adresse: 5421 Adnet, Adnet 250
P Ausgangspunkt/P: Direkt beim Parkplatz.

Loipen in Adnet

6. Adnet Dorfloipen

Schwierigkeitsgrad: ●	Länge: 3,4 km	20 Hm
Schneesicherheit: ✱✱✱	Wartung: ★★	Gebühr: keine

Zwei kleine, gemütliche Schleifen am Ortsrand von Adnet, die für Anfänger gut geeignet sind.

Anfahrt: Siehe Anfahrt Loipen in Adnet.
Navi-Adresse: 5421 Adnet, Adnet 250
P Ausgangspunkt/P: Direkt beim Parkplatz.

7 Krispler Loipe
(Höhe: ca. 880 m)

Krispler Loipe

7. Krispl

Schwierigkeitsgrad: ●	Länge: 4,3 km	135 Hm
Schneesicherheit: ✻✻✻✻✻	Wartung: ★★★★★	Gebühr: nur Parkplatz

Aufgrund seiner Höhenlage zählt diese Loipe zu den rel. schneesicheren. Sie liegt landschaftlich sehr schön, ist aber sehr anspruchsvoll und hat steile Passagen. Die Loipe ist sowohl technisch wie konditionell sehr herausfordernd. Für SportlerInnen zum Trainieren optimal geeignet, da die Wartung sehr gut ist.

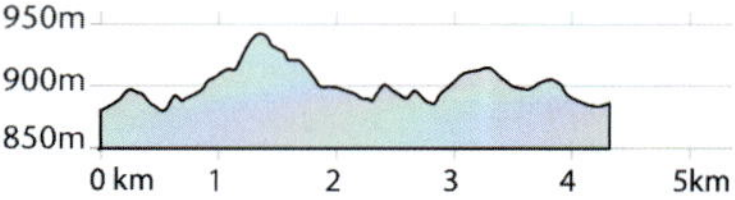

Anfahrt: Autobahnausfahrt Hallein, 1. Kreisverkehr erste Straße rechts Richtung

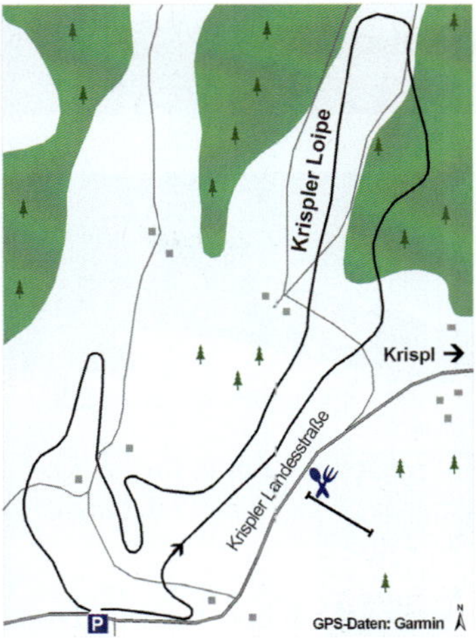

Wiestal/St. Gilgen, nach 4 km im Ortsteil Seefeldmühle rechts abbiegen und 6,4 km weiter bis Krispl-Winkl.

Navi-Adresse:
5421 Krispl-Winkl,
Krispler Landesstraße
(Bus Hst. Hinterhof)

P Ausgangspunkt/P: Direkt gegenüber dem Parkplatz – Parkplatzgebühr.

i Infos/Gaststätten:
*Gasthof Krisplwirt, Krispl 17, Tel. +43 (0)6240/242
*Gasthof Alpenblick, Krispl 15, Tel. +43 (0)6240/272, Ruhetag: Mi.

Angebote/Tipps:

- **Schilift:** In der Nähe der Loipe liegt ein Schlepplift und ein Babylift, optimal für Kinder; www.krispl-gaissau.at.
- Außerdem gibt's einen netten **Schlittenhügel**. Wenn's im Tal noch aper ist, gibt's hier oben sicher schon ein Fleckerl Schnee zum Rutschen.

8 – 9 Loipen in Bad Vigaun
(Höhe: ca. 450 m)

▲ Kurloipe 2 in Bad Vigaun

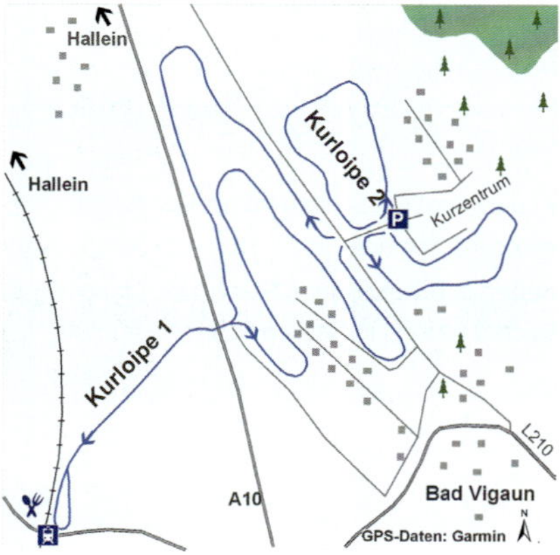

Schön, flach und sonnig, so lässt sich das Gebiet um Bad Vigaun kurz beschreiben. Ausblicke auf das Göllmassiv begleiten die Route. Die Anreise mit der Bahn von Salzburg ist rel. einfach und EinsteigerInnen können sich problemlos Schier ausleihen. Wir haben als Ausgangspunkt das Kurzentrum gewählt, da dort beide Loipen verbunden werden können.

Anfahrt: Autobahnausfahrt Hallein, Beschilderung Bad Vigaun, dann bei Kreuzung Beschilderung Heiltherme folgen. (Navi-Adresse: 5424 Bad Vigaun, Karl-Rödhammer Weg 91)

Infos/Gaststätten: *Café direkt am Eingang bei der Therme, kein Ruhetag; *Gasthof Langwies (beim Bahnübergang), Tel. +43 (0)6245/8956, Ruhetag: Di; *Gasthof Neuwirt (direkt im Ort), Am Dorfplatz 10, Tel. +43 (0)6245/83434, Ruhetag: Mo.

Schiverleih/Service: TVB Bad Vigaun, Am Dorfplatz 11, Verleih nur für Erwachsene, Tel. +43 (0)6245/84116, www.bad-vigaun.at, Mo-Fr: 8.30-12.00 und 14.30-16.30 Uhr.

Angebote/Tipps:

- **Heiltherme Bad Vigaun**, Tagesgäste willkommen. Für Kinder ist die Therme nicht 1. Wahl, da Springen, Toben und Lärmen nicht erlaubt sind. Ansonsten aber gerade nach dem Sport sehr empfehlenswert. Es gibt Innen- und Außenbecken. Tel. +43 (0)6245/8999, www.badvigaun.com
- In der schneefreien Zeit bietet der TVB auch einen **Radverleih** und Nordic Walking-Stöcke zum Verleih an (Gruppen bitte anmelden).

Loipen in Bad Vigaun

8. Kurloipe 1

Schwierigkeitsgrad: ●	Länge: 3,4 km (Sk: 2 km)	17 Hm
Schneesicherheit: *★★★★*	Wartung: ★★★★★	Gebühr: keine

Die Loipe befindet sich gegenüber der Therme. Sie ist länger als die Kurloipe 2 und hat zusätzlich eine Skatingstrecke. Landschaftlich und technisch unterscheiden sich die beiden Loipen nicht.

Anfahrt: Siehe Anfahrt Loipen in Bad Vigaun.
Navi-Adresse: 5424 Bad Vigaun, Karl-Rödhammer Weg 91
P Ausgangspunkt/P: Direkt beim Parkplatz die Hauptstraße queren.

Loipen in Bad Vigaun

9. Kurloipe 2

Schwierigkeitsgrad: ●	Länge: 1,4 km	11 Hm
Schneesicherheit: *★★★★*	Wartung: ★★★★★	Gebühr: keine

Die Loipe befindet sich auf der Seite der Therme, ist kürzer und hat nur eine klassische Spur.

Anfahrt: Siehe Anfahrt Loipen in Bad Vigaun.
Navi-Adresse: 5424 Bad Vigaun, Karl-Rödhammer Weg 91
P Ausgangspunkt/P: Parkplatz Kurzentrum

10 – 11 Kuchler Loipen
(Höhe: zw. 460 und 630 m)

In Kuchl befinden sich zwei sehr unterschiedliche Loipen. Die Jadorf-Loipe ist flach, sonnig und zieht sich entlang des Ortes. Die Gasteigloipe befindet sich hoch gelegen am Fuße der Göll-Ostwand, ist technisch wie konditionell anspruchsvoll, am Nachmittag schattig, aber wunderschön.

Anfahrt: Autobahnabfahrt Kuchl, weiter auf der Bundesstraße bis Ortsanfang Kuchl.
Weiter siehe bei der jeweiligen Loipe. (Navi-Adresse: siehe Loipe)

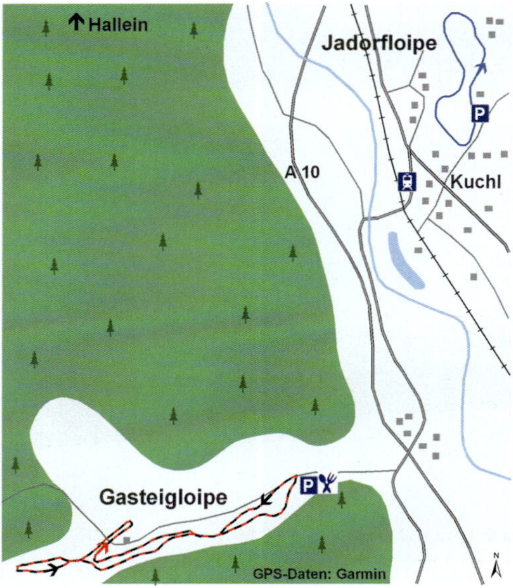

Infos/ Gaststätten:
Jadorf: *Gasthof Hauslwirt, Markt 13, 5431 Kuchl, Tel: +43 (0)6244/7788, kein Ruhetag.
Gasteig: *Gasthof Schöne Aussicht hat dzt. im Winter leider geschlossen. Änderungen sind jedoch möglich, bitte deshalb erkundigen: Tel: +43 (0)6244/6392.

Kuchler Loipen

10. Jadorfloipe

Schwierigkeitsgrad: ●	Länge: 2,2 km	9 Hm
Schneesicherheit: ★☆☆☆☆	Wartung: ★★★☆☆	Gebühr: keine

Die Loipe ist flach und zieht sich auf sonnigen Wiesen entlang des Ortes – gut geeignet für einen kurzen Nachmittagsausflug.

Anfahrt: Im Ort Kuchl LINKS abbiegen in die Jadorfstraße/Markt. 100 m bis zum Parkplatz hinter der Firma Steger.
Navi-Adresse: Markt 221, 5431 Kuchl
P Ausgangspunkt/P: Hinter der Firma Steger, Markt, Kuchl.

Kuchler Loipen

11. Gasteigloipe

Schwierigkeitsgrad: ●●	Länge: 4,9 km	97 Hm
Schneesicherheit: ✻✻✻✻✻	Wartung: ★★★★★	Gebühr: keine

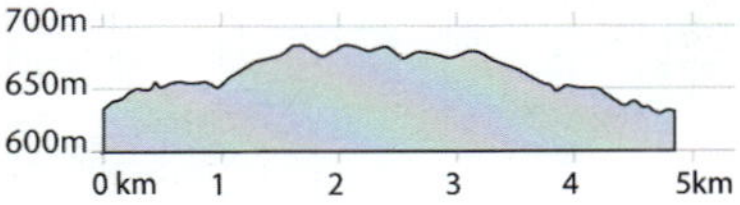

Die technisch und konditionell anspruchsvolle Loipe am Fuße der Göll-Ostwand ist aufgrund ihrer Topografie besonders bei sportlichen LangläuferInnen beliebt. Vom Gasthof Schöne Aussicht stetig ansteigend (teils steiler) führt die Loipe über Wiesen Richtung Felsabbrüche. Dann am Waldrand weiter bis zum Umkehrpunkt. In teils flotter Abfahrt mit ein paar kurzen Gegenanstiegen und schönem Ausblick auf das Salzachtal geht es retour.

Anfahrt: Im Ort RECHTS in die Untermarktstraße, weiter auf der Salzachstraße, nach der Brücke RECHTS und nach 50 m links Richtung Gasteig, der Straße 2 km bergauf folgen bis zum Gh. Schöne Aussicht.
Navi-Adresse: 5432 Kuchl, Gasteig 2
P Ausgangspunkt/P: 20 m neben dem P des Gasthofs Schöne Aussicht beginnt die Loipe.

12 – 14 Gollinger Loipen
(Höhe: ca. 470 m)

▲ Bluntautalloipe

Golling hat drei sehr unterschiedliche Loipen zu bieten. Eine der landschaftlich schönsten Routen geht ins Bluntautal. Obwohl eher schattig, tut dies dem Reiz keinen Abbruch. Die Salzachuferloipe ist sonniger und bietet schöne Ausblicke auf die Gebirgszüge. Die Göll-Loipe kann als Verbindung vom Bluntautal ins Dorf genutzt werden, wo sich in Gehdistanz der Regional-Bahnhof befindet.

Anfahrt: Autobahnausfahrt Golling, Richtung Golling/Lammertal, nach 2 km links abbiegen auf die B159 in den Ort. Weiter siehe bei der jeweiligen Loipe. (Navi-Adresse: siehe Loipe)

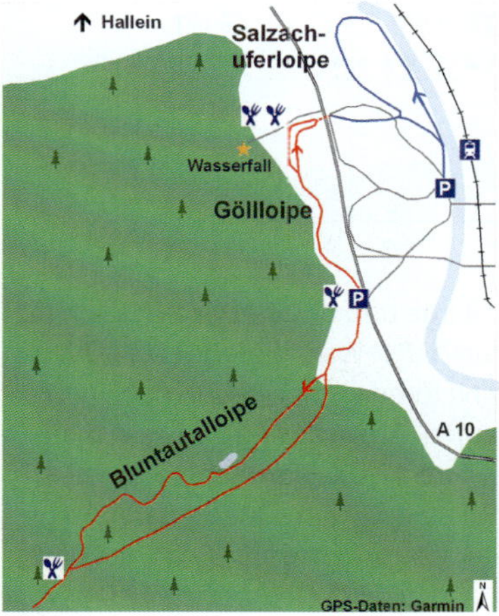

Infos/Gaststätten:
Bluntautalloipe: *Ghf. Göllhof, Tel. +43(0)6244/4492, Ruhetag: Di; *Ghf. Bärenwirt, nur WoE, Tel. +43(0)6244/6172; Göll-Loipe: Ghf. Göllhof, an der Strecke: *Gasthof Abfalter, Wasserfallstr. 57, Tel. +43(0)6244/4295, Ruhetag: Mo und Di; *Gasthof Torrenerhof, Wasserfallstr. 24, Tel. +43(0)6244/5522; Salzachuferloipe: *Gasthof zur Linde, Markt 87, Tel. +43(0)6244/4295, Ruhetag: Di; *TVB Golling, Tel. +43(0)6244/4356, www.golling.info

Schiverleih/Service: Sport Moser, Markt 76, Golling, Tel. +43 (0)6244/4221, Schiverleih für Erwachsene und Kinder.

Angebote/Tipps:

- **Heimatmuseum Burg Golling**, Markt 1, Golling, Tel. +43 (0)664/5321270, www.museumburggolling.at
- **Freizeitpark Aqua Salza**, Möslstraße 199, Tel. +43(0)6244/200400, www.aqua-salza.at; das Hallenbad ist wegen seiner Rutsche auch bei Familien mit Kindern sehr beliebt.

Gollinger Loipen

12. Bluntautalloipe

Schwierigkeitsgrad: ●	Länge: 8 km	74 Hm
Schneesicherheit: ❄❄❄	Wartung: ★★★★	Gebühr: keine

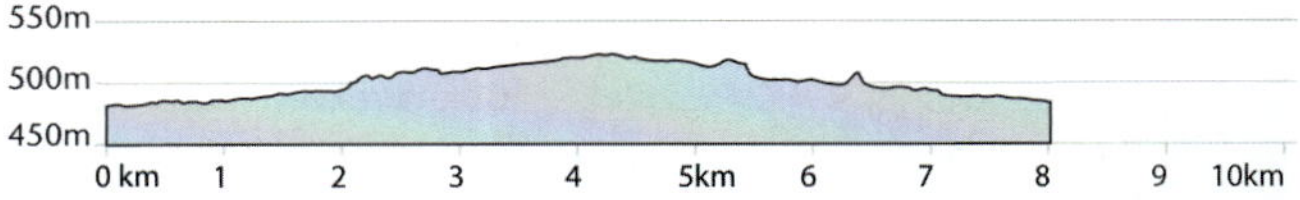

Wunderschön entlang der Berge und des Baches zieht sich die Loipe bis zum Talschluss durch den Wald. Besonders bei Neuschnee ist es ein herrliches Naturerlebnis, zwischen den tief verschneiten Bäumen zu laufen. Am „Hinweg" passiert man ungefähr auf der Hälfte der Strecke die Bluntauseen.
Weiter geht's durch den Wald, vorbei am Gasthof Bärenwirt und noch ein Stückerl weiter bis zum Umkehrpunkt. Auf dem Weg retour sind ein paar kurze, aber flotte Abfahrten zu bewältigen.

Anfahrt: Von der Autobahn immer Richtung Golling Ort. Nach 700 m links in die Wasserfallstraße, über die Bahngleise immer den Hinweisschildern Bluntautal folgen. Nach der Brücke links für 1,2 km weiter auf der Bluntautalstraße. Nach der Autobahnunterführung ist der Parkplatz (teilw. gebührenpflichtig) auf der linken Seite.

Navi-Adresse: 5440 Golling, Bluntautalstraße 120

P Ausgangspunkt/P: Bei Gh. Göllhof, Loipe startet direkt beim P.

Gollinger Loipen

13. Göll-Loipe

Schwierigkeitsgrad: ●	Länge: 3,8 km	82 Hm
Schneesicherheit: ✻✻✻✻✻ (2 von 5)	Wartung: ★★★☆☆	Gebühr: keine

Die Göll-Loipe dient als Verbindungsloipe vom Ort (bzw. der Salzachuferloipe) in das Bluntautal und umgekehrt. Am Fuße des kleinen Göllls verläuft sie parallel zu Autobahn. Wir haben den Start beim Bluntautal beschrieben (siehe Skizze).

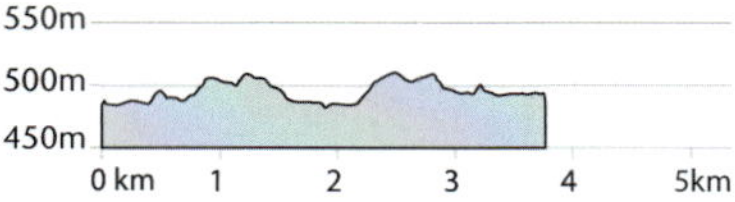

Anfahrt: Einfahrt Ort Golling, nach 700 m links in die Wasserfallstraße, den Schildern Richtung Bluntautal folgen. Nach der Brücke links für 1,2 km weiter auf der Bluntautalstraße. Nach der Autobahnunterführung ist der Parkplatz auf der linken Seite.
Navi-Adresse: Bluntautalstraße 120, 5440 Golling
P **Ausgangspunkt/P:** P bei Gh. Göllhof, Loipe startet direkt beim P.

Gollinger Loipen

14. Salzachuferloipe

Schwierigkeitsgrad: ●	Länge: 4,8 km	27 Hm
Schneesicherheit: ✻✻✻✻✻ (1 von 5)	Wartung: ★★☆☆☆	Gebühr: keine

Flache, sonnige Loipe entlang der Salzach, mit schönem Panorama auf die umliegenden Gebirgszüge. Diese Loipe kann auch – über die Göll-Loipe – mit der Bluntautal-Loipe verbunden bzw. erweitert werden.

Anfahrt: Einfahrt Ort Golling, nach 700 m links in die Wasserfallstraße, zuerst den Schildern Richtung Bluntautal folgen, dann aber nach der Salzachbrücke rechts in den Wiesenweg einbiegen. Nach 100 m befindet sich die Loipe auf der rechten Seite.
Navi-Adresse: Wiesenweg 94, 5440 Torren (Golling)
P Ausgangspunkt/P: P direkt an der Wiese bei der Loipe, nicht verkehrsbehindernd parken.

15 – 18 Loipengebiet Abtenau
(Höhe: zw. 660 und 740 m)

Hier findet sich alles, was das Herz begehrt: von der anspruchsvollen Trainingsloipe über die Flutlicht- bis hin zur leichten und familienfreundlichen „Wanderloipe“. Je nach Lage sind sie sonnig und auch meist schneesicher. Wir haben vier davon ausgewählt, es gibt jedoch noch weitere, durchaus empfehlenswerte. Im Hochwinter sind die Auloipen aufgrund ihrer Nähe zum Schwarzkogel am Nachmittag eher schattig.

Anfahrt: Autobahnausfahrt Golling und 20 km auf der Lammertalstaße bis in den Ort Abtenau. (Navi-Adresse: siehe Loipen)

Infos/Gaststätten: Flutlichtloipe: *Ghf. Traunstein, Au 66, 5441 Abtenau, Tel. +43 (0)6243/2438, kein Ruhetag;
Auloipen: *Buffet Auliftstüberl, Au 3, 5441 Abtenau;
*TVB Abtenau, Tel. +43 (0)6243/4040-0, www.lammertal.info

Schiverleih/Service: Sport 2000, Markt 113, 5441 Abtenau, Tel. +43 (0)6243/3644, Mo-Fr 9.00-12.00/ 14.00-19.00, Sa 9.00-17.00, So 9.00-12.00/ 14.00-17.00, www.wmsport2000.at

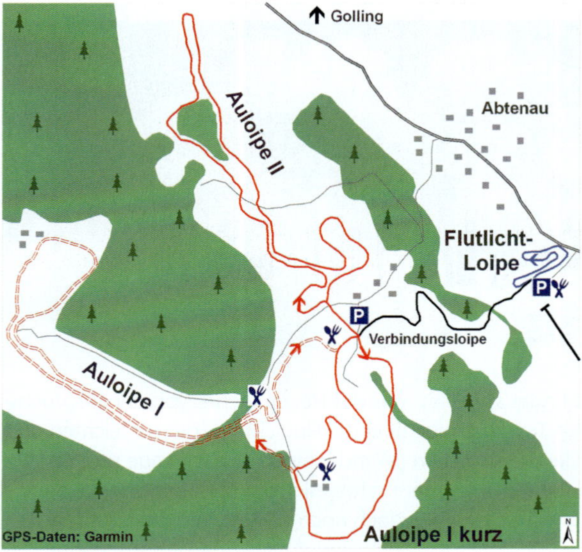

Angebote/Tipps:

- **Schifahren:** Abtenau hat ein mittelgroßes Schigebiet mit fallweise auch tollen Familienangeboten. Tel. +43 (0)6243/2432, www.karkogel.com
- **Rodeln:** Weiters gibt es eine rasante Rodelbahn und Winterwege. Auskunft s. unter Infos, TVB.

Loipengebiet Abtenau

15. Flutlichtloipe

Schwierigkeitsgrad: ●	Länge: 1,1 km	10 Hm
Schneesicherheit: ✱✱✱✱✱	Wartung: ★★★★★	Gebühr: keine

Schöne, kleine, leichte Runde, auch gut geeignet zum Trainieren. Abends mit Flutlicht beleuchtet. Man kann in diese Loipe einsteigen und über die schwierige Verbindungsloipe zu den Auloipen gelangen.

Anfahrt: Durch den Ort und danach rechts abbiegen Richtung Au (Gasthaus Traunstein). Nach 300 m ist der Parkplatz auf der rechten Seite.
Navi-Adresse: 5441 Abtenau, Au 66
P Ausgangspunkt/P: P 150 m vor dem Gasthaus Traunstein auf der rechten Seite, direkt beim P einsteigen.

Loipengebiet Abtenau

Verbindungsloipe

Schwierigkeitsgrad: ●	Länge: 1,3 km	80 Hm
Schneesicherheit: ✱✱✱✱✱	Wartung: ★★★★★	Gebühr: keine

Sehr schwere und steile Loipe, die die Verbindung zwischen der Flutlichtloipe und den Auloipen herstellt.

P Ausgangspunkt/P: Bei Flutlichtloipe oder bei den Auloipen

Loipengebiet Abtenau

16. Auloipe I, kleine Runde

Schwierigkeitsgrad: ●	Länge: 2,9 km	65 Hm
Schneesicherheit: ✻✻✻✻✻	Wartung: ★★★★★	Gebühr: keine

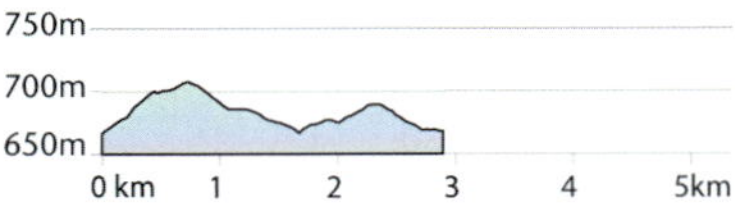

Eine Loipe mit Steigungen: Beim Einstieg vom Auliftstüberl längerer, nicht allzu steiler Anstieg, darauf folgt eine flotte Abfahrt in schöner Landschaft. Rechts haltend, vorbei am Gasthaus Auhof geht's über Wiesen zurück zum Ausgangspunkt.

Anfahrt: Im Ort bei der Salzburger Sparkasse rechts abbiegen Richtung Au (Schörghof). Nach 1 km ist der Parkplatz auf der linken Seite.
Navi-Adresse: 5441 Abtenau, Au 3
P Ausgangspunkt/P: P 50 m neben Auliftstüberl, Einstieg direkt beim Parkplatz.

Loipengebiet Abtenau

17. Auloipe I

Schwierigkeitsgrad: ●	Länge: 7,3 km	131 Hm
Schneesicherheit: ✻✻✻✻✻	Wartung: ★★★★★	Gebühr: keine

Der Anfang ist ident mit der kurzen Auloipe I-Runde. Dann geht's jedoch weiter über schöne Wiesen, im leichten Bergauf und Bergab am Fuß des Schwarzkogels entlang. Am hinteren Ende der Loipe besteht die Möglichkeit, die ca. 1 km lange Schleife mehrmals zu laufen. Vorbei am Gasthof Aumühle zurück zum Ausgangspunkt.

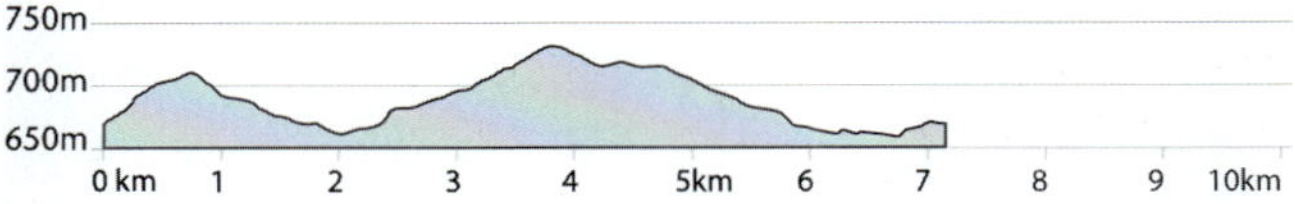

Anfahrt: Im Ort bei der Sparkasse rechts abbiegen
Richtung Au (Schörghof). Nach 1 km ist der Parkplatz auf der linken Seite.
Navi-Adresse: 5441 Abtenau, Au 3
P Ausgangspunkt/P: P 50 m neben Auliftstüberl, Einstieg direkt beim P.

Loipengebiet Abtenau

18. Auloipe II

Schwierigkeitsgrad: ●	Länge: 5,5 km	45 Hm
Schneesicherheit: ❄❄❄❄❄	Wartung: ★★★★★	Gebühr: keine

In leicht welligem Gelände entlang des Schwarzenbaches führt diese Loipe über sehr sonnige Wiesen.

Anfahrt: Im Ort bei der Salzburger Sparkasse rechts abbiegen Richtung Au (Schörghof). Nach 1 km ist der Parkplatz auf der linken Seite.
Navi-Adresse: 5441 Abtenau, Au 3
P Ausgangspunkt/P: P 50 m neben Auliftstüberl, Einstieg direkt beim P.

Foto: Strobl

II. Berchtesgadener Land

19 Marktschellenberg – Scheffau
(Höhe: ca. 660 m)

Loipe in Marktschellenberg – Scheffau

19. Scheffau

Schwierigkeitsgrad: ●	Länge: 2,7 km	65 Hm
Schneesicherheit: ✱✱✱✱✱	Wartung: ★★★★★	Gebühr: keine

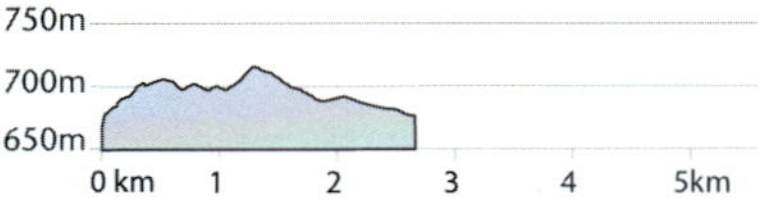

Kurze Loipe mit vielen kleinen bergauf- und bergab-Stücken. Sie verläuft in einer Senke mit sonnigen und schattigen Passagen. Die Landschaft ist sehr schön und weil die Loipe versteckt liegt, ist sie eher unbekannt.

Anfahrt: Autobahnausfahrt Grödig, weiter in Richtung Berchtesgaden, in Marktschellenberg links Richtung Scheffau abbiegen, nach Scheffau dem Straßenverlauf folgen bis zum Parkplatz des Sportplatzes.
Navi-Adresse: D-83487 Marktschellenberg, Doffenleitenweg 8.
P Ausgangspunkt/P: P: Sportplatz SG Scheffau, Gasthaus Zill – Einstieg direkt beim Sportplatz.

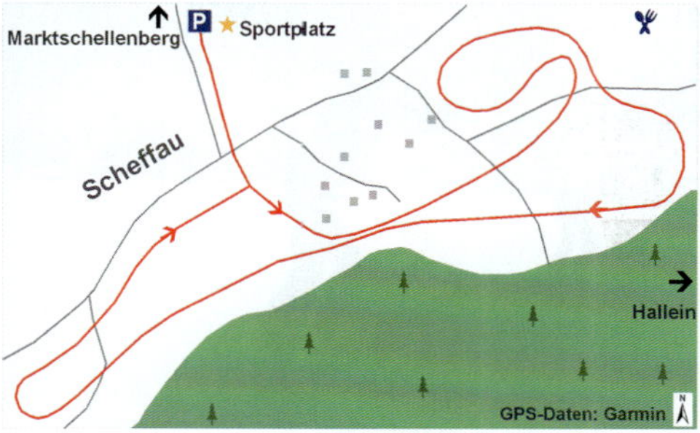

Infos/ Gaststätten: *Gasthaus Zill hat leider nur mehr teilweise geöffnet, Scheffauer Straße 68, Tel. +49 (0)8650/1397; *Café/Gasthof Oberstein, Scheffauer Str. 19, Tel. +49 (0)8650/257, Ruhetag: Mo; *TVB Marktschellenberg, Tel. +49 (0)8650/9888-30

Angebote/Tipps:

- Watzmanntherme, Bergwerkstraße 54, D-83471 Berchtesgaden, Tel. +49 (0)8652/94640; www.watzmann-therme.de

20 - 22 Loipen in Oberau bei Berchtesgaden (Höhe: ca. 710 m)

Foto: nr22.com

Die Auerdörfl-Loipen sind kurz, mittelschwierig und eher wenig besucht. Zuerst am Waldrand entlang, mäandert die Loipe dann über Wiesen zurück zum Ausgangspunkt. Von hier startet auch die Schitour auf das Roßfeld.

Anfahrt: Autobahnausfahrt Grödig, weiter in Richtung Berchtesgaden, nach ca. 10 km links abbiegen Richtung Buchenhöhe/ Obersalzberg/Oberau, nach ca. 2 km rechts abbiegen in die Obersalzbergstraße, nach ca. 250 m links abbiegen in den Schulweg, nach ca. 200 m P auf der linken Seite.
(Navi-Adresse: Schulweg 41, D-83471 Berchtesgaden–Oberau)
Infos/Gaststätten: *Gasthof Auerwirt, Kirchplatz Au 2, D-83471 Oberau, Tel. +49(0)8652/2052, www.auerwirt.de

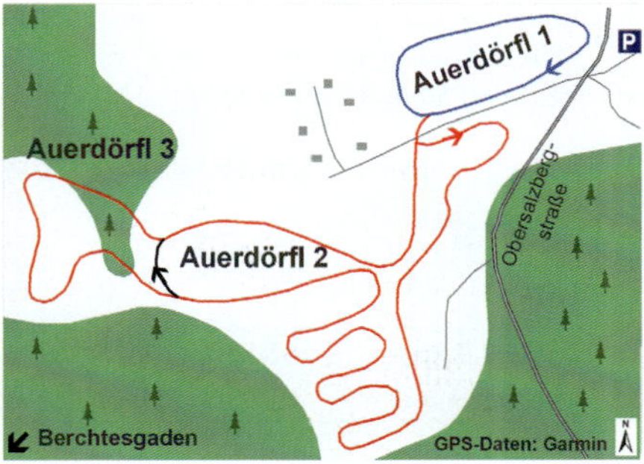

Schiverleih/ Service: Ski- und Snowboardschule Berchtesgaden - Oberau, Oberau (neben Gasthof Auerwirt), Kirchplatz 2, 83471 Berchtesgaden-Oberau, Tel: +49 (0)8652/66873, Mobil: +49 (0)171/823 5658

Angebote/Tipps:

- Watzmanntherme, Bergwerkstraße 54, D-83471 Berchtesgaden, Tel. +49 (0)8652/94640; www.watzmann-therme.de

Loipen in Oberau bei Berchtesgaden

20. Auerdörfl I

Schwierigkeitsgrad: ●	Länge: 1 km	17 Hm
Schneesicherheit: ✱✱✱✱✱	Wartung: ★★★★★	Gebühr: Parkplatz

Das ist eine sehr kleine, flache Runde am Ortsrand von Oberau. Die Loipe ist sehr einfach und liegt zwischen der Obersalzbergstraße und dem Waldrand.

Anfahrt: Siehe Anfahrt Loipen in Oberau bei Berchtesgaden.

Navi-Adresse: D-83471 Berchtesgaden Oberau, Schulweg 41, gebührenpflichtiger Parkplatz.

P **Ausgangspunkt/P:** Loipeneinstieg 50 m neben Parkplatz.

Loipen in Oberau bei Berchtesgaden

21. Auerdörfl II

Schwierigkeitsgrad: ●	Länge: 2,9 km	55 Hm
Schneesicherheit: ❄❄❄❄❄	Wartung: ★★★☆☆	Gebühr: Parkplatz

Anfang und Ende sind gleich wie bei Auerdörfl I, jedoch ist diese Loipe länger, mit etwas mehr Anstiegen und Abfahrten. Das typische Merkmal ist, dass im hinteren Bereich der Runde die Loipe in mehreren Kehren über die Wiese bis zum tiefsten Punkt der Tour führt. Von dort leicht bergauf wieder zurück zum Ausgangspunkt.

Anfahrt: Siehe Anfahrt Loipen in Oberau bei Berchtesgaden.
Navi-Adresse: D-83471 Berchtesgaden Oberau, Schulweg 41, gebührenpflichtiger Parkplatz.

P **Ausgangspunkt/P:** Loipeneinstieg 50 sm neben Parkplatz.

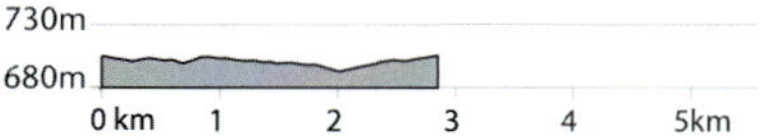

Loipen in Oberau bei Berchtesgaden

22. Auerdörfl III

Schwierigkeitsgrad: ●	Länge: 3,4 km	69 Hm
Schneesicherheit: ✻✻✻✻✻	Wartung: ★★★★★	Gebühr: Parkplatz

Diese Runde ist im Großen und Ganzen ident mit Auerdörfl II, jedoch mit einer Zusatzschleife mit einem kurzen, steilen Anstieg und einer flotten Abfahrt.

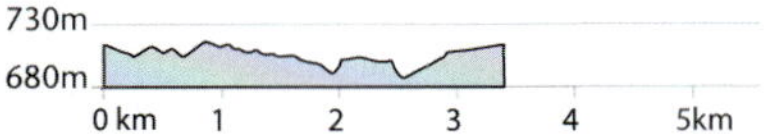

Anfahrt: Siehe Anfahrt Loipen in Oberau bei Berchtesgaden.

Navi-Adresse: D-83471 Berchtesgaden Oberau, Schulweg 41, gebührenpflichtiger Parkplatz.

P Ausgangspunkt/P: Loipeneinstieg 50 m neben Parkplatz.

23 Scharitzkehl bei Berchtesgaden
(Höhe: ca. 1030 m)

Scharitzkehl bei Berchtesgaden

23. Scharitzkehl

Schwierigkeitsgrad: ●	Länge: 1,2 km	20 Hm
Schneesicherheit: ✻✻✻✻✻	Wartung: ★★★★★	Gebühr: keine

Foto: nr22.com

SchitourengeherInnen ist diese Loipe bekannt, da sie direkt am Anfahrtsweg zur Stahlhaustour liegt. In einer Senke und Waldlichtung gelegen und beinahe immer im Schatten, mutet sie fast schaurig an. Aufgrund der Schneesicherheit ist die Loipe jedoch als Trainingsstrecke sehr beliebt. Die kurze, leichte, sehr schneesichere Trainingsloipe liegt direkt vor der Scharitzkehlalm.

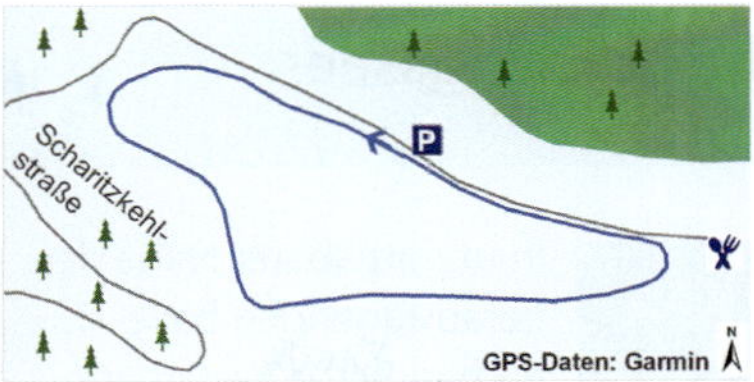

Anfahrt: Autobahnausfahrt Salzburg-Süd, weiter Richtung Berchtesgaden, nach ca. 11 km links abbiegen Richtung Obersalzberg/Oberau/Buchenhöhe, in Unterau rechts abbiegen auf die Obersalzbergstraße, Beschilderung Richtung Obersalzberg/Buchenhöhe folgen, im Kreisverkehr dritte Ausfahrt in die Scharitzkehlstraße Richtung Hinterbrand nehmen, nach ca. 4,5 km links abbiegen Richtung Scharitzkehlalm.

Navi-Adresse: Scharitzkehlstraße 10, D-83471 Berchtesgaden

P Ausgangspunkt/P: P Scharitzkehlalm, Einstieg direkt beim P

i Infos/Gaststätten: Scharitzkehlalm, Scharitzkehlstraße 10-12, Tel. +49 (0)8652/2820 oder 3236, kein Ruhetag, www.scharitzkehlalm.com

24 - 27 Die Loipen beim Königssee
(Höhe: ca. 620 m)

Foto: Schnöll-Reichl

In unmittelbarer Nähe der herausragenden bayerischen Berge Watzmann und Hochkalter liegen hier ein paar Loipen, die zum „Langlaufwandern" einladen.

Gerade GenießerInnen, die gemütlich laufen wollen, kommen hier auf ihre Kosten. Sehr beliebt sind diese Loipen daher bei Senioren.

Anfahrt: Autobahnausfahrt Salzburg-Süd, weiter Richtung Berchtesgaden - in Berchtesgaden der Beschilderung Richtung Traunstein/Ramsau/Schönau folgen, im Kreisverkehr 2. Ausfahrt Richtung Oberschönauer Straße nehmen, nach ca. 2,5 km befindet sich links das Gasthaus Bodner und gegenüber der Parkplatz.
(Navi-Adresse: D-83471 Schönau am Königssee, Oberschönauerstraße 12)

Infos/Gaststätten: *Gasthaus Bodner, Oberschönauer Straße 10, D-83471 Schönau am Königssee, Tel. +49 (0)8652/1613, kein Ruhetag, www.gasthof-bodner.de; *TVB Berchtesgadener Land, Tel. +49 (0)8652/65650-42

Schiverleih/Service: *Schi und Snowboardschule Königssee – Jenner, Jennerbahnstraße 19, Tel. +49(0)8652/66710, *Schischule Berchtesgaden, Schornstraße 34, Tel. + 49(0)8652/61197, *Schi und Snowboardschule Grünstein, Höhbrandweg 1, Tel. +49(0)8652/4744

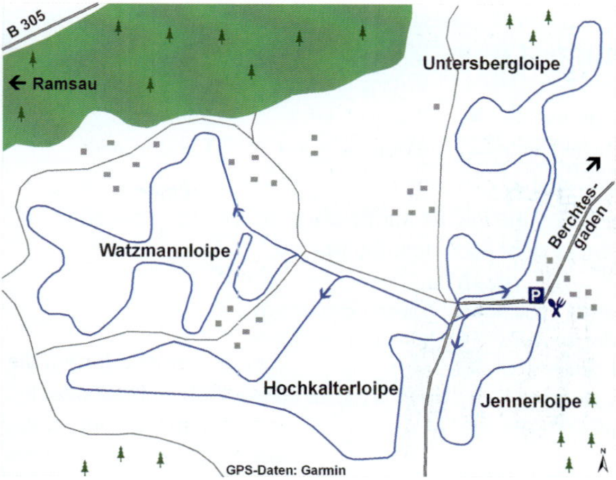

Angebote/Tipps:

- **Langlaufkurs:** Schi- und Snowboardschule Königssee – Jenner, Jennerbahnstraße 19, Tel. +49(0)8652/66710
- **Bobbahn:** Eine Besonderheit ist sicher die Eisbobbahn. Auch Einzelpersonen oder Gruppen können den Eiskanal hinunterrasen, Voranmeldung jedoch unbedingt notwendig. Info unter: www.rennbobtaxi.de, Tel. +49 (0)8652/976069 oder beim Tourismusbüro.
- **Schifahren am Jenner:** Jennerbahnstraße 18, D-83471 Schönau am Königssee, Tel. +49(0)86 52/95 81-0, www.jennerbahn.de; 1 Gondel, 2 Sessellifte und 2 Schlepper mit durchaus moderaten Preisen für Tages- oder Halbtageskarten
- **Eislaufen:** Der Königssees friert zwar selten, aber doch manchmal zu. Dann kann man bis nach St. Bartholomä spazieren, lang- oder eislaufen (siehe Foto).

Die Loipen beim Königssee
24. Jenner-Loipe

Schwierigkeitsgrad: ●	Länge: 1 km	26 Hm
Schneesicherheit: ✱✱✱✱✱	Wartung: ★★★★★	Gebühr: keine

Sehr kurze und leichte Runde ohne technische Schwierigkeiten. Es geht flach über die Wiesen.

Anfahrt: Siehe Anfahrt Loipen beim Königssee.
Navi-Adresse: D-83471 Schönau am Königssee, Oberschönauerstraße 12
P **Ausgangspunkt/P:** P beim Gasthaus Bodner, Einstieg direkt beim P.

Die Loipen beim Königssee
25.Watzmann-Loipe

Schwierigkeitsgrad: ●	Länge: 2,9 km	33 Hm
Schneesicherheit: ✱✱✱✱✱	Wartung: ★★★★★	Gebühr: keine

Leichte Runde mit einer Straßenüberquerung. Die Loipe führt über offene Felder mit sanften Steigungen und Abfahrten

Anfahrt: Siehe Anfahrt Loipen beim Königssee.
Navi-Adresse: D-83471 Schönau am Königssee, Oberschönauerstraße 12
P **Ausgangspunkt/P:** P beim Gasthaus Bodner, Einstieg direkt beim P.

Die Loipen beim Königssee

26.Untersberg-Loipe

Schwierigkeitsgrad: ●	Länge: 2,8 km	33 Hm
Schneesicherheit: ✻✻✻✻✻	Wartung: ★★★★★	Gebühr: keine

Hügelige Loipe entlang des Ortsrandes von Schönau, vorbei am Alpenhotel Lechmeisterlehen. Die Steigungen und Abfahrten sind um einen Tick steiler als bei der Watzmann-Loipe. Das Gelände ist offen und übersichtlich.

Anfahrt: Siehe Anfahrt Loipen beim Königssee.
Navi-Adresse: D-83471 Schönau am Königssee, Oberschönauerstr. 12
P **Ausgangspunkt/P:** P beim Gasthaus Bodner, Einstieg direkt beim P.

Die Loipen beim Königssee

27. Hochkalter-Loipe

Schwierigkeitsgrad: ●	Länge: 4,1 km	28 Hm
Schneesicherheit: ✻✻✻✻✻	Wartung: ★★★★★	Gebühr: keine

Flache Runde mit 2 Straßenquerungen. Es gibt die Möglichkeit, ca. bei der Hälfte der Tour auf die Watzmannrunde zu wechseln oder die beiden Loipen miteinander zu verbinden. Auch bei dieser Runde geht es in ganz leichten Steigungen über die Wiesen.

Anfahrt: Siehe Anfahrt Loipen beim Königssee.
Navi-Adresse: D-83471 Schönau am Königssee, Oberschönauerstr. 12
P **Ausgangspunkt/P:** P beim Gasthaus Bodner, Einstieg direkt beim P.

28 – 30 Loipen in der bayerischen Ramsau
(Höhe: zw. 870 und 1040 m)

▲ Hochschwarzeck

Landschaftlich sehr schön und relativ schneesicher ist das Gebiet um den Taubensee. Es gibt dort eine anspruchsvolle und eine mittelschwere Loipe. Beide führen größtenteils durch den Wald oder am Waldrand entlang.
Ebenfalls anspruchsvoll ist die Loipe beim Schigebiet Hochschwarzeck. Bei allen Varianten gibt es nette Einkehrmöglichkeiten.

Anfahrt: Bundesstraße über Bad Reichenhall Richtung Lofer, links nach Berchtesgaden/Ramsau abbiegen und 5,9 km bis zum Wirtshaus Wachterl.

Infos/Gaststätten: Taubensee: *Wirtshaus Wachterl, Alpenstraße 159, D-83486 Ramsau, Tel. +49(0)8657/285, Ruhetag: Do, www.wirtshaus-wachterl.de

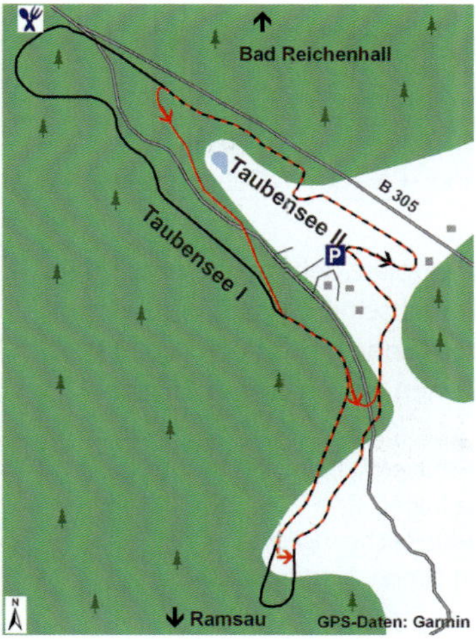

Hochschwarzeck: *Empfehlenswert aufgrund der wunderbaren Höhenlage mit viel Sonne ist der Berggasthof Hirschkaser bei der Bergstation des Sesselliftes v. Hochschwarzeck; *Ghf. Schwarzeck, Schwarzeckstr. 58, 83486 Ramsau, Tel. +49 (0)8657/529; *TVB Ramsau, Tel. +49 (0)8657/988920.

Schiverleih/Service: Nur in Berchtesgaden (15 km entfernt) *Schischule Berchtesgaden, Schornstraße 34, Tel. +49 (0)8652/61197

Angebote/Tipps:

- **Rodelhügel und Babylifte:** Für die Kleinen gibt's in Hochschwarzeck mehrere flache Schlitten- und Übungshügel.
- **Rodelbahn mit Sessellift als Aufstiegshilfe:** Bei der Berggaststätte Hirschkaser scheint die Sonne ewig lange. Perfekt also zum Tag ausklingen lassen. Info s. Schigebiet.
- **Kleines Schigebiet** in Hochschwarzeck mit günstigen Tages- und Halbtageskarten (1 Sessellift und 4 Schlepplifte), Tel. +49 (0)8657/368, www.hochschwarzeck.info

Loipen in der bayerischen Ramsau

28. Taubensee I

Schwierigkeitsgrad: ●	Länge: 7 km	146 Hm
Schneesicherheit: ✱✱✱✱✱ (3 von 5)	Wartung: ★★★★★	Gebühr: keine

Nach dem Start beim Campingplatz geht es erst über offene Wiesen und dann immer abwechselnd bergauf und bergab durch den Wald. Kurz vor dem Ende gibt's noch eine flotte Abfahrt und darauffolgend einen kurzen steilen Anstieg.

Anfahrt: 150 m nach dem Wirtshaus Wachterl rechts abbiegen und der Beschilderung Loipe Taubensee folgen.
Navi-Adresse: D-83486 Ramsau, Alte Reichenhaller Str. 110
P Ausgangspunkt/P: P Camping Simon, Einstieg beim P.

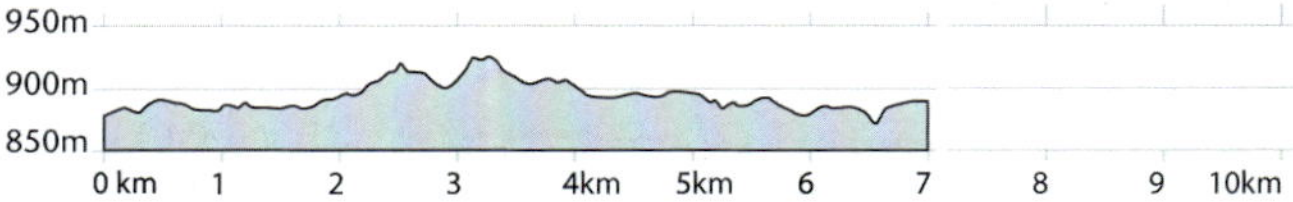

Loipen in der bayerischen Ramsau

29. Taubensee II

Schwierigkeitsgrad: ●	Länge: 5,3 km	101 Hm
Schneesicherheit: ✱✱✱✱✱ (3 von 5)	Wartung: ★★★☆☆	Gebühr: keine

Technisch und konditionell fordernde Loipe über Wiesen und durch Waldgelände. Es gibt nach ca. 3,2 km die Möglichkeit die Runde abzukürzen: Kurze Variante: Schwierigkeitsgrad: ● I Länge: 4 km I 79 Hm

Anfahrt: 150 m nach dem Wirtshaus Wachterl rechts abbiegen und der Beschilderung Loipe Taubensee folgen.
Navi-Adresse: D-83486 Ramsau, Alte Reichenhaller Str. 110
Ausgangspunkt/P: P Camping Simon, Einstieg beim P.

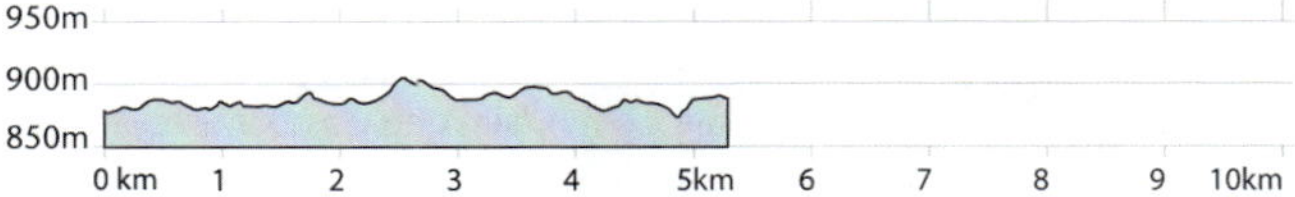

Loipen in der bayerischen Ramsau:
30. Hochschwarzeck

Schwierigkeitsgrad: ●●	Länge: 4,6 km	92 Hm
Schneesicherheit: ✻✻✻✻✻	Wartung: ★★★★★	Gebühr: keine

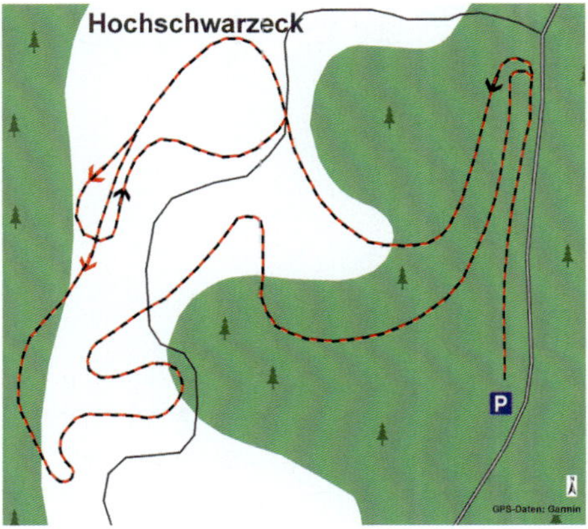

Direkt beim Gasthaus befindet sich diese doch eher anspruchsvolle Loipe. Die Runde führt vorbei an den Schiliften, über Wiesen und entlang des Waldrandes teils steil bergauf und bergab.

Anfahrt: Vom Wirtshaus Wachterl weiter auf der Alpenstraße. Nach ca. 4 km links abbiegen Richtung Hochschwarzeck-Schigebiet. Beschilderung Gasthof Schwarzeck folgen.

Navi-Adresse: D-83484 Ramsau, Schwarzecker Str. 58

Ausgangspunkt/P: P Gh. Schwarzeck, Einstieg beim P.

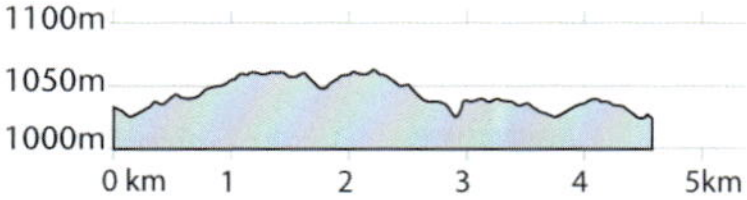

31 – 35 Loipengebiet Aschauer Weiher
(Höhe: ca. 650 m)

Foto: Göllner-Kampel

Hier befindet sich eines der Top-Langlaufgebiete der Gegend. Die Auswahl ist vielfältig. Vom Genusslauf bis zur Profitrainingsstrecke – hier findet sich für jede/n etwas. Die Infrastruktur und Loipenwartung sind top, die Schneesicherheit ist aufgrund der Höhenlage gut und das Gebiet ist neben landschaftlicher Schönheit auch sonnig. Wir haben die beliebtesten Loipen getestet und beschrieben, jedoch sind noch weitere schöne Loipen je nach Schneelage im Angebot.

Anfahrt: Autobahnausfahrt Grödig, weiter Richtung Berchtesgaden, nach ca. 10 km rechts abbiegen (Beschilderung nach „Maria Gern"), nach ca. 300 m in einer Spitzkehre den Metzenleitenweg nehmen, nach ca. 1,1 km scharf links bei Gerner Straße, nach ca. 800 m rechts abbiegen auf die Aschauerweiher Straße, nach ca. 1,4 km rechts abbiegen auf den Parkplatz (Navi: D-83483 Bischofswiesen, Aschauer Weiher Straße 85).

i Infos/Gaststätten: *Aschauerweiherwirt GmbH, Tanzlokal & Bistro, Aschauerweiherstr. 85, D-83483 Bischofswiesen, Tel. +49 (0)8652/6556466 oder +49 (0)175/2410768

Schiverleih/Service: Langlaufschule Toni Müller, Aschauerweiherstr. 85, D-83483 Bischofswiesen
Tel. +49 (0)8652/3366 oder +49 (0)8652/4236 (privat), Ausrüstung auch für Kinder praktisch in jeder Größe

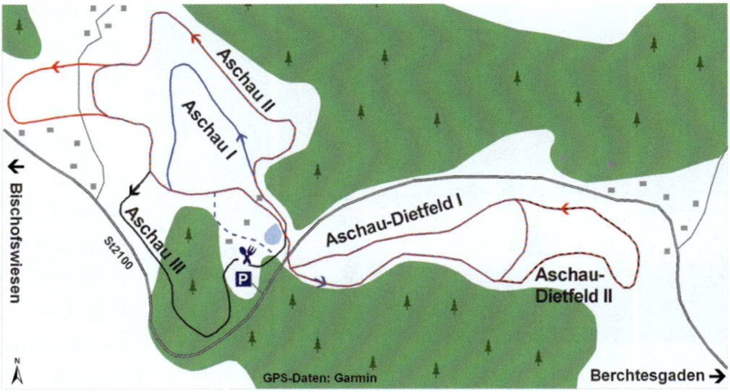

Angebote/Tipps:

- **Langlaufkurs:** Langlaufschule Toni Müller, Aschauerweiherstr. 85, D-83483 Bischofswiesen; Tel. +49 (0)8652/3366 oder +49 (0)8652/4236 (privat)
- **Eislaufen:** Der Aschauer Weiher ist sommers wie winters einen Besuch wert. Gerade als kleiner Teich friert er schnell zu und eignet sich hervorragend zum Eislaufen.
- Hinweis für die schneefreie Zeit: In der Nähe befindet sich ein kleiner **Märchenpfad für Kinder** mit holzgeschnitzten Figuren (siehe unser Buch: Kinder-Wanderungen: über 100 Wanderungen & Tipps für Vor- und Volksschulkinder)

Loipengebiet Aschauer Weiher
31. Aschau I

Schwierigkeitsgrad: ●	Länge: 1,2 km	15 Hm
Schneesicherheit: ✻✻✻✻✻	Wartung: ★★★★★	Gebühr: keine

Vorbei am Aschauer Weiher gelangt man zu der leichten und anfängerfreundlichen Runde. Optimal für Kinder.

Anfahrt: Siehe Anfahrt Loipengebiet Aschauer Weiher.
Navi-Adresse: D-83483 Bischofswiesen, Aschauer Weiher Straße 85
P Ausgangspunkt/P: Direkt beim Naturbad Aschauer Weiher, Einstieg beim P.

Loipengebiet Aschauer Weiher
32. Aschau II

Schwierigkeitsgrad: ●	Länge: 2,4 km	31 Hm
Schneesicherheit: ✻✻✻✻✻	Wartung: ★★★★★	Gebühr: keine
Variante nach 1 km:		
Schwierigkeitsgrad: ●●	Länge: 2 km	24 Hm

Wie bei der Aschau I-Loipe läuft man vorbei am Weiher auf den sonnigen Wiesen, die angenehm und leicht mit moderater Steigung zu laufen sind.

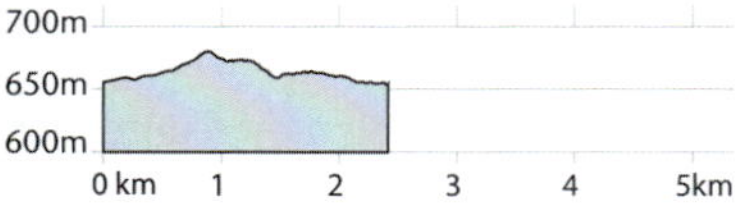

Anfahrt: Siehe Anfahrt Loipengebiet Aschauer Weiher.

Navi-Adresse: D-83483 Bischofswiesen, Aschauer Weiher Straße 85
P Ausgangspunkt/P: Direkt beim Naturbad Aschauer Weiher, Einstieg beim P.

Loipengebiet Aschauer Weiher
33. Aschau III

Schwierigkeitsgrad: ●●	Länge: 3,1 km	57 Hm
Schneesicherheit: ✻✻✻✻✻	Wartung: ★★★★★	Gebühr: keine

Mittelschwere Runde mit einem kurzen steileren Anstieg und einer flotten Abfahrt durch den Wald.

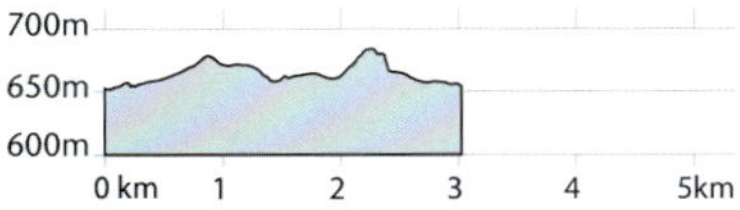

Anfahrt: Siehe Anfahrt Loipengebiet Aschauer Weiher.
Navi-Adresse: D-83483 Bischofswiesen, Aschauer Weiher Straße 85
P Ausgangspunkt/P: Direkt beim Naturbad Aschauer Weiher, Einstieg beim P.

Loipengebiet Aschauer Weiher
34. Aschau Dietfeld I

Schwierigkeitsgrad: ●●	Länge: 1,6 km	21 Hm
Schneesicherheit: ✻✻✻✻✻	Wartung: ★★★★★	Gebühr: keine

Schöne, mittelschwere Runde, an deren Beginn man unter der Straße durch eine kurzen Tunnel fahren muss. AnfängerInnen empfehlen wir für dieses Stück, die Schi abzuschnallen. Danach leicht über Wiesen und am Waldrand entlang.

Anfahrt: Siehe Anfahrt Loipengebiet Aschauer Weiher.
Navi-Adresse: D-83483 Bischofswiesen, Aschauer Weiher Straße 85
P Ausgangspunkt/P: Direkt beim Naturbad Aschauer Weiher, Einstieg beim P.

Loipengebiet Aschauer Weiher

35. Aschau Dietfeld II

Schwierigkeitsgrad: ●●	Länge: 2,3 km	45 Hm
Schneesicherheit: ✻✻✻✻	Wartung: ★★★★★	Gebühr: keine

Wie Dietfeld I-Loipe, jedoch mit mehr Höhenmetern aufgrund eines kurzen, aber etwas steileren Anstiegs.

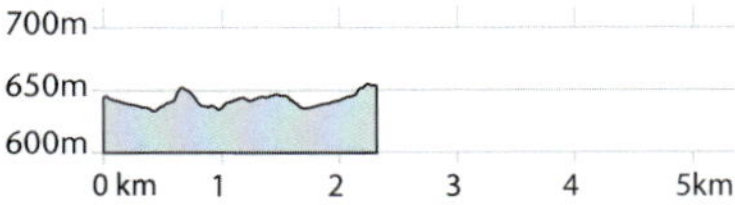

Anfahrt: Siehe Anfahrt Loipengebiet Aschauer Weiher.
Navi-Adresse: D-83483 Bischofswiesen, Aschauer Weiher Straße 85
P Ausgangspunkt/P: Direkt beim Naturbad Aschauer Weiher, Einstieg beim P.

36 – 38 Loipen in Bayerisch Gmain
(Höhe: ca. 550 m)

Kurze, schön angelegte und gepflegte Loipen, die sich über die Wiesen zwischen den besiedelten Gebieten ziehen, kennzeichnen die Touren rund um Bayerisch Gmain. Durch die Nähe zu Salzburg und die nette Lage sind diese Loipen sehr bekannt und beliebt. Die Auswahl reicht von einfach und gemächlich bis zu sportlich und anspruchsvoll.

Anfahrt: Autobahnausfahrt Salzburg Wals – auf die Salzburger Straße und dann links abbiegen Richtung Großgmain, Freilichtmuseum – durch Großgmain und über die Grenze weiter nach Bayerisch Gmain. (Navi-Adresse: siehe Loipen)

Infos/Gaststätten: *Haus des Gastes, +49(0)8651/965796, Ruhetag: Do, www.restaurant-hausdesgastes.de

Schiverleih/Service: Nordic Fitness Center Berchtesgadener Land (Sport Müller), Tel. +49(0)8651/3776, Spitalg.3, D-83435 Bad Reichenhall, Mo-Fr 9-18.30, Sa (Nov-März) 9-16.00 Uhr, Club Aktiv, Frühlingstraße 61, D-83435 Bad Reichenhall, Tel. +49(0)8651/67238

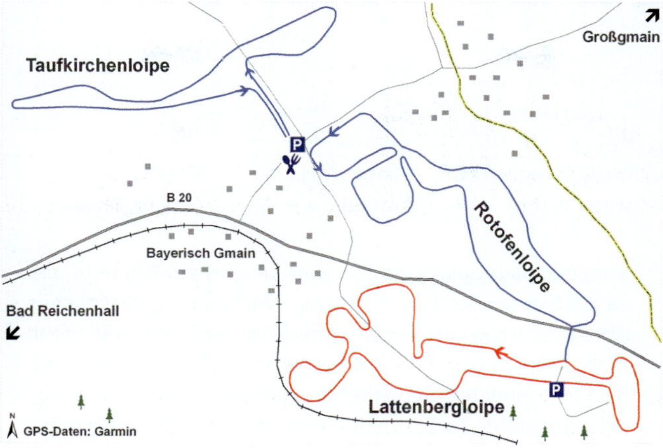

Loipen in Bayerisch Gmain

36. Rotofen

Schwierigkeitsgrad: ●●	Länge: 3 km	40 Hm
Schneesicherheit: ✻✻✻✻✻	Wartung: ★★★★★	Gebühr: keine

Auf den sonnigen Wiesen am Ortsrand zieht sich diese Loipe mit nicht zu steilen Anstiegen und Abfahrten dahin.

Anfahrt: In Bayerisch Gmain gerade weiter auf der Großgmainer Straße bis zum Haus des Gastes.
Navi-Adresse: Haus des Gastes, D-83457 Bayerisch Gmain, Großgmainer Str. 14
P **Ausgangspunkt/P:** P Haus des Gastes, direkt am P.

Loipen in Bayerisch Gmain

37. Taufkirchen

Schwierigkeitsgrad: ●	Länge: 2,5 km	40 Hm
Schneesicherheit: ❄❄❄❄❄ (3 von 5)	Wartung: ★★★☆☆	Gebühr: keine

Vom Parkplatz aus die Straße überquerend erreicht man nach ca. 50 Metern den Loipeneinstieg. Nach einer gemächlichen Abfahrt entlang einer Siedlung beginnt die Runde, die mehrmals gelaufen werden kann. Gegen den Uhrzeigersinn führt die Loipe einer leichten Erhebung entlang, wo die Sonne so richtig ansteht. Zurück geht's in einer Senke zum Ausgangspunkt.

Anfahrt: In Bayerisch Gmain gerade weiter auf der Großgmainer Straße bis zum Haus des Gastes.
Navi-Adresse: Haus des Gastes, D-83457 Bayerisch Gmain, Großgmainer Str. 14
P **Ausgangspunkt/P:** P Haus des Gastes, direkt am P.

Loipen in Bayerisch Gmain

38. Lattenberg

Schwierigkeitsgrad: ●	Länge: 3,2 km	67 Hm
Schneesicherheit: ❄❄❄☆☆	Wartung: ★★★☆☆	Gebühr: keine

Der Einstieg in die Loipe erfolgt hier direkt beim Friedhof. Die technisch sowie konditionell anspruchsvollste Runde in Bayerisch Gmain hält steile Abfahrten und Anstiege für sportlich orientierte LangläuferInnen bereit. Auf Grund der Nähe zum Berghang und dem Wald liegt diese Loipe nachmittags eher im Schatten, wodurch sich teilweise unterschiedliche Schneebedingungen ergeben.

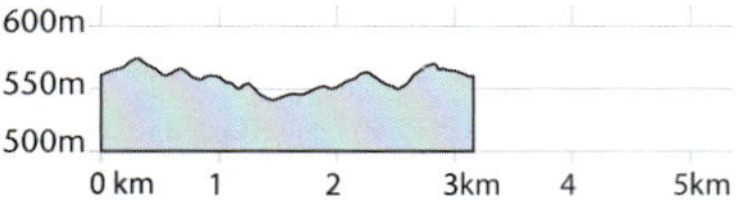

Anfahrt: In Bayerisch Gmain gerade weiter auf der Großgmainer Straße, rechts abbiegen in die Berchtesgadener Str., nach 1 km links in die Friedhofstraße.

Navi-Adresse: D-83457 Bayerisch Gmain, Friedhofstraße.

P **Ausgangspunkt/P:** P beim Friedhof, Einstieg beim P.

39 – 40 Loipen in Bad Reichenhall/Karlstein (Höhe: ca. 470 m)

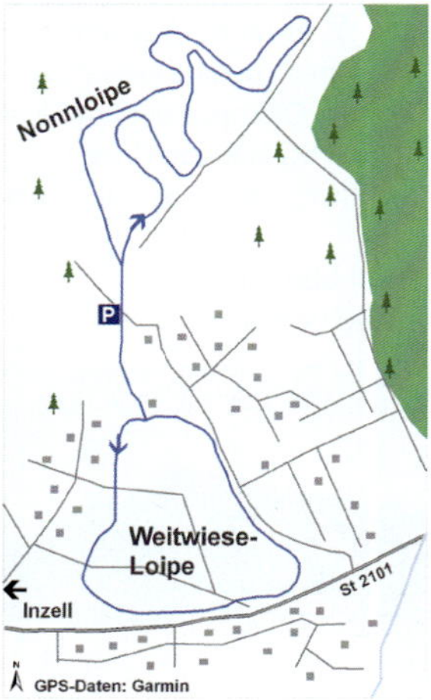

Flach, sonnig und kurz, so können die Loipen in Bad Reichenhall einfach charakterisiert werden. Stadtnah dienen sie als gutes Naherholungsziel.

Anfahrt: Autobahnausfahrt Bad Reichenhall – weiter auf der Bundesstraße Richtung Bad Reichenhall, weiter auf der Loferer Straße durch Bad Reichenhall, dann rechts Richtung Inzell/Karlstein/Nonn auf die Thumseestraße. Nach der Brücke zweite Straße rechts abbiegen in die Lange Gasse, nach ca. 800 m links in die von-Martius-Straße, nach ca. 100 m Parkplatz. (Navi-Adresse: D-83435 Bad Reichenhall, Staufenstraße 38, Adresse ist ca. 20 m v. P entfernt)

Infos/Gaststätten: *keine Gaststätten in unmittelbarer Nähe, jedoch eine Vielzahl in Bad Reichenhall; *TVB Bad Reichenhall: Tel. +49 (0)8651/6060, www.bad-reichenhall.com

Schiverleih/Service: Nordic Fitness Center Berchtesgadener Land (Sport Müller), Tel. +49 (0)8651/3776, Spitalg.3, D-83435 Bad Reichenhall, Mo-Fr 9-18.30, Sa (Nov-März) 9-16.00 Uhr;
Club Aktiv, Frühlingstraße 61, D-83435 Bad Reichenhall, Tel. +49 (0)8651/67238

Angebote/Tipps:

- **Rupertus Therme:** Sehr schöne Therme der gehobenen Preisklasse; Innen- und Außenbecken sowie Heiß- und Kaltwasserbecken. B20/21 Richtung Lofer, Friedrich-Ebert-Allee 21, Bad Reichenhall, Tel. +49 (0)8651/76220, www.rupertus-therme.de

Loipen in Bad Reichenhall/Karlstein

39. Nonn-Loipe

Schwierigkeitsgrad: ●	Länge: 3,4 km	28 Hm
Schneesicherheit: ✱✱	Wartung: ★★★	Gebühr: keine

Etwas versteckt liegt diese Loipe in der Nähe der Kaserne von Bad Reichenhall. Landschaftlich ist sie schöner als die Weitwiesen-Loipe. Sie führt ein Stück an einem Bacherl entlang und später in leichtem Auf und Ab über die Wiesen weiter.

Anfahrt: Siehe allgemeine Beschreibung Bad Reichenhall.
Navi-Adresse: D-83435 Bad Reichenhall, Staufenstraße 38 (Adresse ist ca. 20 m v. P entfernt).

P Ausgangspunkt/P: AP direkt bei der Straßenkreuzung Staufenstraße – von Martius Straße.

Loipen in Bad Reichenhall/Karlstein

40. Weitwiese

Schwierigkeitsgrad: ●	Länge: 1,7 km	6 Hm
Schneesicherheit: ✻✻✻✻✻	Wartung: ★★★★★	Gebühr: keine

Das ist eine sehr kurze, flache und landschaftlich nicht spektakuläre Loipe über die Wiesen am Stadtrand von Bad Reichenhall.

Anfahrt: Siehe allgemeine Beschreibung Bad Reichenhall.
Navi-Adresse: D-83435 Bad Reichenhall, Staufenstraße 38 (Adresse ist ca. 20m v. P entfernt).
P Ausgangspunkt/P: 100 m vom Parkplatz in Richtung Staufenstraße.

41 – 42 Marzoller Loipen
(Höhe: ca. 475 m)

Unspektakuläre, jedoch ganz nette, sonnige und kurze Loipen am Ortsrand von Marzoll.

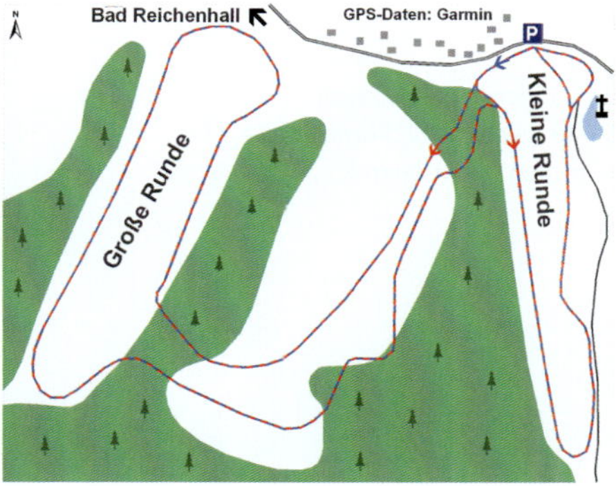

Anfahrt:
Autobahnausfahrt Wals, weiter über den kleinen Grenzübergang Walserberg Richtung Bad Reichenhall, ca. 3 km nach der Grenze links abbiegen in die Reichenhaller Straße, nach ca. 50 m rechts in die Grenzlandstra-

ße abbiegen, nach ca. 300 m links auf die Römerstraße abbiegen, nach ca. 500 m Parkmöglichkeit an der rechten Straßenseite. (Navi: D-83435 Bad Reichenhall, Römerstr. 33)

Infos/Gaststätten: *Schlossberghof Marzoll, Schlossberg 5, D-83435 Bad Reichenhall, Tel. +49(0)8651/70050, www.schlossberghof.de

Angebote/Tipps:

- **Eisstockschießen** auf dem Schlossweiher

Marzoller Loipen

41. Marzoll 1

Schwierigkeitsgrad: ●●	Länge: 1,1 km	13 Hm
Schneesicherheit: ✻✻✻✻✻	Wartung: ★★★★★	Gebühr: keine

Leichte, großteils sonnige Runde auf einer Wiese direkt am Ortsrand von Marzoll.

Anfahrt: Siehe Anfahrt Loipengebiet Marzoll.
Navi-Adresse: D-83435 Bad Reichenhall, Römerstraße 33.
Ausgangspunkt/P: Einstieg direkt beim P

Marzoller Loipen

42. Marzoll 2

Schwierigkeitsgrad: ●●	Länge: 3,3 km	65 Hm
Schneesicherheit: ★★☆☆☆	Wartung: ★★☆☆☆	Gebühr: keine

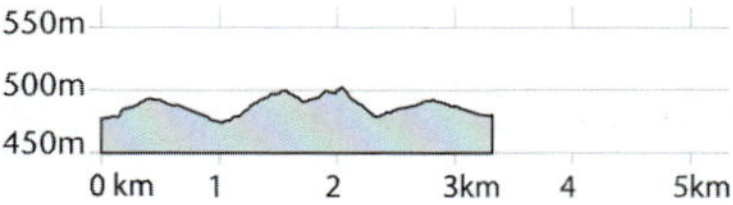

Hügelige Runde über eine Brücke und durch Waldstücke. Je nach Schneelage kann die Loipe auch wesentlich länger angelegt sein.

Anfahrt: Siehe Anfahrt Loipengebiet Marzoll.
Navi-Adresse: D-83435 Bad Reichenhall Römerstraße 33.
P Ausgangspunkt/P: Einstieg direkt beim P

Was ist FAIRTRADE?

FAIRTRADE ist ein Verein zur
Förderung des FAIREN Handels mit dem Süden.
Nur wer sich an die strengen Auflagen hält darf das FAIRTRADE-Siegel verwenden.
Mitglieder des Vereins sind u.a.: Caritas, Katholische Jungschar, Evangelische Jugend, Grüne Bildungswerkstatt, Österr. Hochschülerschaft, PfadfinderInnen Österreichs, WWF-World Wide Fund for Nature und viele mehr.

Wofür steht das FAIRTRADE-Siegel?

- Direkter Handel mit den ProduzentInnen und KleinbäuerInnen unter Ausschaltung der lokalen Zwischenhändler
- Dadurch FAIRE Preise für die ProduzentInnen und kontrollierter Warenfluss nach Europa
- Prämie für soziale und ökologische Entwicklung
- Gesetzliche Mindestlöhne und arbeitsrechtliche Mindeststandards
- Verbot von Kinderarbeit und sklavenähnlicher Zwangsarbeit
- Naturnahe und nachhaltige Anbaumethoden sowie Schutz des Regenwaldes
- Schutz natürlicher Gewässer und des Trinkwassers

Was können Sie tun?

- FAIRTRADE-Produkte kaufen (Einkaufsführer anfordern)
- FAIRTRADE-AktionärIn werden

III. Nördlicher Flachgau

43 – 44 Loipen in Eugendorf
(Höhe: ca. 560 m)

In Eugendorf gibt es zwei sehr unterschiedliche Loipen. Die große Unzingloipe zieht sich durch die schöne, hügelige Voralpenlandschaft in sanftem Auf und Ab dahin, über Wiesen und über den Golfplatz mit seinen kleinen Tümpeln. Die Dorfloipe ist kurz mit mittleren Steigungen. Da durchwegs über offene Landschaft verlaufend, sind beide Loipen sehr sonnig.

Anfahrt: Autobahn Abfahrt Eugendorf, bei den beiden Kreisverkehren immer Richtung Henndorf/Wallersee fahren. (Navi-Adresse: siehe Loipen)

Infos/Gaststätten: Dorfloipe: *Gasthof Neuwirt, 5301 Eugendorf Nr. 16, Tel. +43(0)6225/8207, www.hotel-salzburg-eugendorf-neuwirt.at; *Landgasthof Holznerwirt, Dorf 4, 5301 Eugendorf, Tel. +43(0)6225 8205, Ruhetag: Mo, www.holznerwirt.at
Unzing-Loipe: *Landgasthof 3 Eichen, Kirchbergstr. 1, Tel. +43(0)6225/6225-1, Ruhetag: Mi, www.dreieichen.at

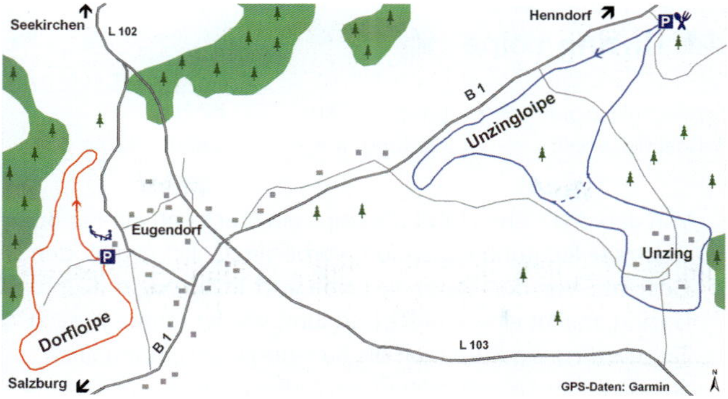

Loipen in Eugendorf

43. Dorfloipe

Schwierigkeitsgrad: ●	Länge: 3,9 km	58 Hm
Schneesicherheit: ✻✻✻✻✻	Wartung: ★★★★★	Gebühr: keine

Die Steigungen sind um eine Spur stärker als bei der großen Unzingloipe. Die Dorfloipe zieht sich am Ortsrand von Eugendorf über die Wiesen Richtung Hallwang und am Rückweg ein Stück entlang der alten Ischler-Bahntrasse.

Anfahrt: Siehe Anfahrt Loipen in Eugendorf - weiter Richtung Wallersee auf der Salzburger Straße bei 3. Kreisverkehr, dritte Ausfahrt Kirchenstraße und nach 550 m links in die Konrad Seyde Straße abbiegen.
Navi-Adresse: Konrad Seyde-Straße 14, 5301 Eugendorf.
P Ausgangspunkt/P: P beim Kindergarten / Einstieg beim Kinderspielplatz.

Loipen in Eugendorf

44. Unzing-Loipe

Schwierigkeitsgrad: ●●	Länge: 7,7 km	82 Hm
Schneesicherheit: ✻✻✻✻✻	Wartung: ★★★★★	Gebühr: keine

Von den drei Eichen führt die Loipe ein Stück entlang der Bundesstraße Richtung Eugendorf, vorbei am Golfclub über den Golfplatz. Von dort steigt die Loipe sanft in Kurven an Richtung Unzing, macht eine Schleife und führt wieder retour. Je nach Tagesverfassung kann man die Steigung nach Unzing auch aussparen und gleich hinter dem Golfplatz die Abkürzung retour nehmen.

Anfahrt: Siehe Anfahrt Loipen in Eugendorf. Weiter Richtung Wallersee, nach 5,1 km auf der Salzburger Straße/B1 rechts abbiegen zum Landgasthof Drei Eichen.
Navi-Adresse: Kirchbergstraße 1, 5301 Eugendorf.
P Ausgangspunkt/P: P beim Ghf. Drei Eichen, Einstieg direkt beim P (weiterer Einstieg beim Golfplatz Eugendorf möglich).

45 Seekirchen
(Höhe: ca. 520 m)

Loipe in Seekirchen

45. Seekirchen

Schwierigkeitsgrad: ●●	Länge: 6,4 km	132 Hm
Schneesicherheit: ✱✱✱✱✱	Wartung: ★★★★★	Gebühr: keine

Diese Loipe ist recht anspruchsvoll, mit vielen Steigungen und Abfahrten. Wie fast alle Loipen im nördlichen Flachgau führt sie über das hügelige offene Gelände. Ein Teilstück ist gegen Abend hin schattig.

Von Fischtagging führt die Loipe hügelig Richtung Seekirchen mit einer längeren Abfahrt bis zum Ortsrand. Von dort geht es wieder retour mit einem längeren Anstieg am Wald entlang. „Oben" angelangt, geht es leicht hügelig zurück zum Ausgangspunkt.

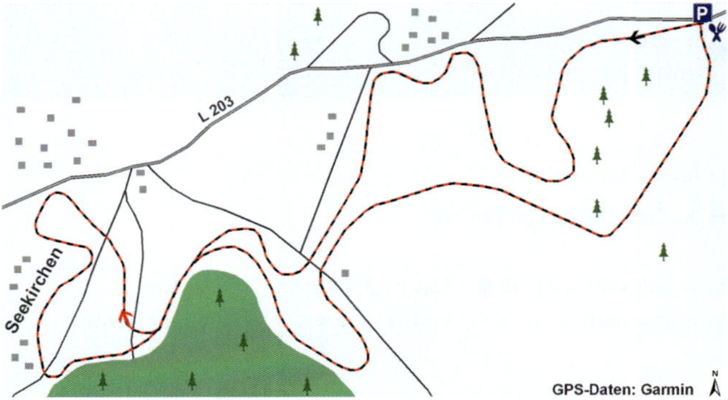

Anfahrt: Autobahnausfahrt Eugendorf, in beiden Kreisverkehren Richtung Henndorf, weiter für 2,7 km auf der Salzburger Straße, weiter links abbiegen nach Unterhaging, (Höhe Golfclub) nach 750 m rechts abbiegen nach Brunn und nach 1,5 km zum Landgasthof Fischtagging.
Navi-Adresse: Fischtagging 8, 5201 Seekirchen
P Ausgangspunkt/P: P beim Gh. Fischtagging, Einstieg direkt beim P.
i Infos/Gaststätten: *Gasthof Fischtagging, Fischtagging 8, 5201 Seekirchen am Wallersee, Tel. +43(0)6212/2328, Ruhetag: Do, Freitag erst ab 16.00 Uhr geöff., www.gasthof-fischtagging.at

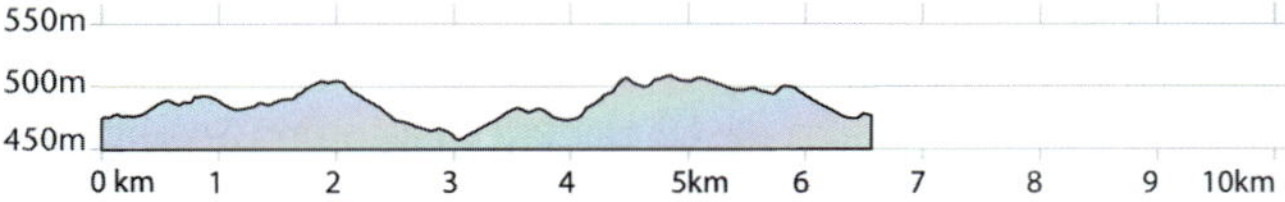

46 Mattsee
(Höhe: ca. 590 m)

Loipe in Mattsee

46. Egelseen

Schwierigkeitsgrad: ●●	Länge: 7,3 km	91 Hm
Schneesicherheit: ★☆☆☆☆	Wartung: ★★★☆☆	Gebühr: keine

Foto: Göllner-Kampel

Landschaftlich ist das ein sehr schönes Gebiet. Die Egelseen liegen etwas höher als der Mattsee und an den Wochenenden herrscht reger Betrieb. Entlang des Naturparks Buchberg gibt es Wanderwege und wenn man Glück hat, frieren die Lacken auch zum Eislaufen zu. Die Loipe ist auch gut mit öffentlichen Verkehrsmitteln erreichbar.

Vom Parkplatz Naturpark Buchberg führt die Loipe entlang der drei Egelseen, dann über offene Landschaft Richtung Schleedorf und wieder retour.

Angebote/Tipps:

- **Eislaufen:** Es gibt viele kleine Teiche im nördlichen Flachgau, die rasch zufrieren. Bei entsprechenden Minustemperaturen ist jedoch der Grabensee (Richtung Zellhof) einer der ersten „richtigen" Seen, die zufrieren.

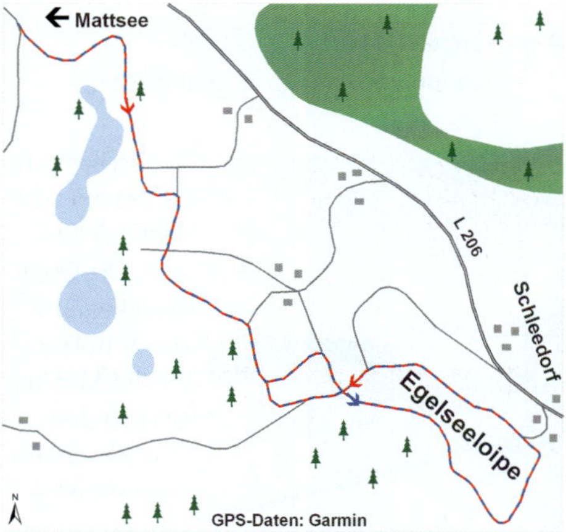

Anfahrt: Auf der Bundesstraße nach Mattsee, Ausfahrt rechts Mattsee Ort, weiter auf der Salzburgerstraße und nach 170 m rechts auf die Köstendorfer Landesstraße, bis nach ca. 2 km rechts die Abzweigung nach Lehen kommt. Gleich am Anfang der Straße ist der Parkplatz auf der linken Seite.

Navi-Adresse: Lehen 1, 5163 Mattsee (direkt an der Kreuzung Lehen = Parken).

P Ausgangspunkt/P: P an der Abzweigung nach Lehen / Einstieg beim P.

i Infos/Gaststätten: mehrere Gaststätten in Mattsee oder am Buchberg *Gasthaus Alpenblick oder Buchbergwirt, Tel. +43(0)6217/5389, Ruhetag: Mo, www.buchbergwirt.at
*TVB Mattsee, Tel. +43(0)6217/6080

47 Neumarkt
(Höhe: ca. 550 m)

Loipe in Neumarkt

47. Neumarkt

Schwierigkeitsgrad: ●	Länge: 2,4 km	29 Hm
Schneesicherheit: ✱	Wartung: ★★★	Gebühr: keine

Foto: nr22.com

Die Loipe ist gut als Nahziel geeignet, landschaftlich ist das Gebiet nicht herausragend. Die kurze Runde führt am Stadtrand entlang über die Wiesen zwischen Schalkham und Sighartstein, ist flach und deshalb auch gut für AnfängerInnen geeignet.

Von Neumarkt startet die Tour beim Supermarkt und führt hinaus auf die Wiesen. In einem Bogen und kurz entlang der Bundesstraße führt die Loipe wieder zurück.

Anfahrt: Autobahn Abfahrt Eugendorf, bei den beiden Kreisverkehren immer Richtung Henndorf/Wallersee fahren. Weiter für 11 km, dann links abbiegen nach Neumarkt. Weiter für 1,1 km auf der Salzburger Straße, bis zum Supermarkt auf der rechten Seite (ADEG Markt).

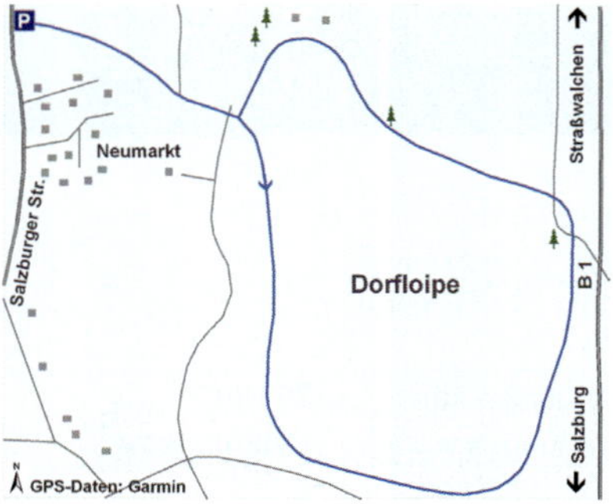

Navi-Adresse: Hauptstraße 7, 5202 Neumarkt am Wallersee.

P Ausgangspunkt/P: P beim ADEG Markt, Einstieg direkt beim P.

i Infos/Gaststätten: *Einkehrmöglichkeiten in einer der vielen Gaststätten oder Cafés in Neumarkt. *TVB Neumarkt, Tel. +43 (0)6216/6907

48 Henndorf
(Höhe: ca. 550 m)

Loipe in Henndorf

48. Henndorf

Schwierigkeitsgrad: ●●	Länge: 15,6 km	201 Hm
Schneesicherheit: ★☆☆☆☆	Wartung: ★★★☆☆	Gebühr: keine

Das ist eine der schönsten Loipen im nördlichen Flachgau. Technisch nicht so anspruchsvoll, jedoch aufgrund der Länge konditionell sehr fordernd. Sie liegt wunderschön eingebettet zwischen Wallersee und Kolomannsberg und ist sehr sonnig.

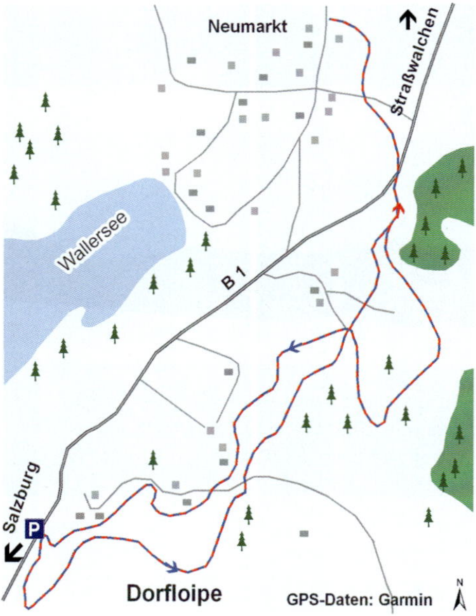

Die Loipe beginnt am Ortsrand von Henndorf und zieht sich in leichtem Auf und Ab über die Hügel Richtung Neumarkt. Bei der markanten kleinen Brücke besteht die Möglichkeit, die Tour abzukürzen. Für die große Runde muss man sich nach der Brücke rechts halten. Nun beginnt eine längere Steigung. Wer in einem Stichweg nach Neumarkt laufen möchte, muss bei der Bundesstraße die Schier kurz abschnallen und bei der Unterführung durchgehen. Ansonsten führt die Loipe nach links und wieder in einem großen Bogen retour.

Anfahrt: Autobahn Abfahrt Eugendorf, bei den beiden Kreisverkehren immer Richtung Henndorf/Wallersee fahren. Am anderen Ende des Ortes befindet sich gegenüber der Tankstelle auf der rechten Seite der P+R Parkplatz.

Navi-Adresse: Hauptstraße 105, 5302 Henndorf

P **Ausgangspunkt/P:** Park + Ride Parkplatz, Einstieg direkt am P.
i **Infos/Gaststätten:** *Einkehrmöglichkeiten in Henndorf, z.B. *Henndorfer Pizzeria , Hauptstraße 55, 5302 Henndorf, Tel. +43(0)6214/20040, Ruhetag: Mi; *Dorfcafé, Dorfgasse 5, 5302 Henndorf am Wallersee, Tel. +43(0)6214/8433, Ruhetag: Mo.

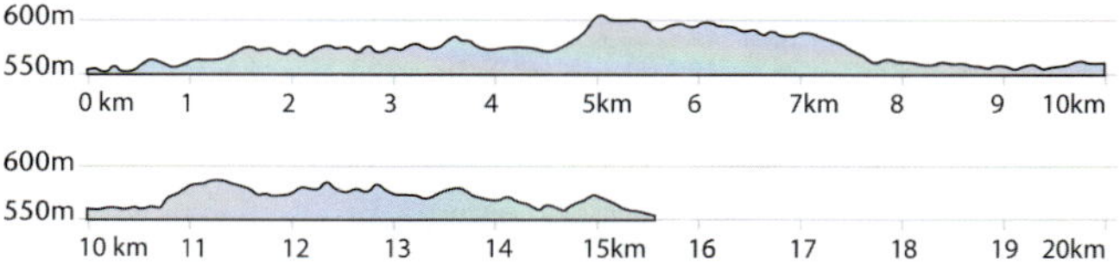

Clean Clothes

Kampagne für „saubere" Kleidung weltweit

Der Großteil unserer Kleidung wird in Lateinamerika, Asien und Afrika hergestellt. Die normale Arbeitszeit beträgt zwischen 14–17 Std. täglich, 7 Tage die Woche! Die sklavenähnlichen Bedingungen der ArbeiterInnen erinnern an die Bedingungen in Europa im 19. Jahrhundert. Nur das diesmal Reich + Arm nicht mehr im selben Land sondern 10.000e Kilometer entfernt voneinander leben.
In den Fabriken hängen oft Markenhemden und Billighemden nebeneinander. Ein teures Markenhemd sagt keinesfalls aus, dass die Arbeitsbedingungen bei der Herstellung besser waren.

Die Clean Clothes - Kampagne, die von hunderten Organisationen und ArbeiterInnenvereinigungen rund um die Welt getragen wird, setzt sich für die Rechte der ArbeiterInnen und eine Verbesserung der Arbeitsbedingungen in der internationalen Bekleidungs- und Sportartikelindustrie ein.

Schreiben Sie uns oder rufen Sie uns an.
Abonnieren Sie kostenlos den Rundbrief der Clean Clothes Kampagne und informieren Sie sich über Herstellungsweisen – z.B. was hinter Markenartikel-Herstellern steckt:
Clean Clothes-Kampagne, Südwind Agentur,
Laudong. 40, 1080 Wien, Tel. ++43 1 405 55 15-306 oder -311 Fax: 01/405 55 19,

IV. Östlich von Salzburg

49 Loipe am Gaisberg
(Höhe: ca. 790 m)

Loipe am Gaisberg

49. Gaisberg

Schwierigkeitsgrad: ●	Länge: 3,1 km	66 Hm
Schneesicherheit: ✻✻✻	Wartung: ★★★	Gebühr: 3,-/Pers.

Schöne, kupierte und sonnige Loipe in Oberwinkl. Selbst wenn die der Stadt zugewandte Seite des Gaisbergs grün ist, liegt hier oft Schnee. Leider war der Fortbestand der Loipe bei Drucklegung noch nicht gewährleistet, da das Budget für das Spurgerät fehlte. Gewartet wird die Runde ehrenamtlich vom

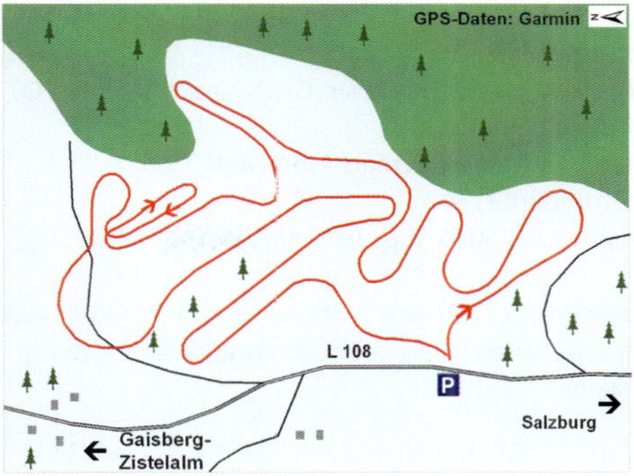

Verein „Freunde des Gaisbergs". Es wäre wirklich schade um diese besondere Loipe. Siehe unter Infos.

Vom AP startet die Loipe nach rechts weg, führt dann über die Kuppe hinauf und macht einen Bogen am Waldrand entlang hinunter. Später geht's kurz über eine Wiese retour und nun in einer stärkeren Steigung wieder über die schon bekannte Kuppe zurück.

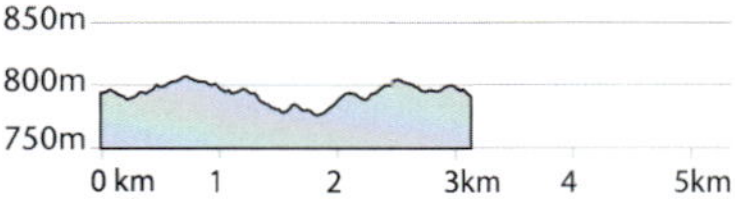

Anfahrt: Anfahrt zum Oberwinkl, (ca. 6 Min. von Glasenbach):

Von Salzburg Süd/Aigen oder Alpenstraße über Glasenbach-Kreisverkehr, danach links sofort die Landesstraße Richtung Schwaitl den Berg hinauf, nach 2,5 km links abbiegen zum einspurigen Gemeindeweg Oberwinkl (Schilder „Skilift/Mitteregg"). Nach 1 km folgt in Oberwinkl-Kriechbaum der P2.

Von Salzburg Nord/Ost kann auch über die Gaisbergstraße über Guggenthal angefahren werden. Am Bergrücken bei der „Einfahrt Mitteregg" Richtung Elsbethen/Glasenbach abzweigen, an Mitteregg vorbei bis zum Skilift Hub. Dem Straßenverlauf bis zum P folgen.

Navi-Adresse: 5026 Oberwinkl, Oberwinkl 25 ist die nächstgelegene Adresse, 100 m vorher ist der Parkplatz (P2).

P **Ausgangspunkt/P:** Direkt an der Landesstr. Gekennzeichneter P (100 m vor Navi-Adresse) Einstieg beim P.

i **Infos/Gaststätten:** *Gasthof Mitteregg, Oberwinkl 78, 5061 Salzburg, Tel. +43(0)662/641347

*Gasthof Zistelalm, Gaisberg 16, 5026 Sbg, Tel. +43(0)662/641067, www.zistelalm.at

*Es gibt den Verein „Freunde des Gaisbergs“, der sich darum bemüht, von der Stadt ein Spurgerät zu erhalten. Vielleicht helfen Unterstützungserklärungen ;-) www.gaisberg.tv

50 Loipe in Koppl
(Höhe: ca. 730 m)

Loipe in Koppl

50. Koppl

Schwierigkeitsgrad: ●	Länge: 5,5 km	97 Hm
Schneesicherheit: ✻✻✻✻✻	Wartung: ★★★★★	Gebühr: keine

▲ Sonnenloipe, Foto wurde uns zur Verfügung gestellt vom TVB Koppl

Hügelige, schöne, sonnige Loipe mit vielen kleinen und mittleren Steigungen. Wichtig: Die Laufrichtung ist auf Schildern vorgegeben. Vom AP geht's rechts Richtung Flutlichtloipe. Von dort leicht hinunter über die Wiesen Richtung Campingplatz, dem tiefsten Punkt der Tour. Dann in mehreren, durchaus steileren Anstiegen wieder zurück zum Ausgangspunkt.

Anfahrt: Von Salzburg ca. 7,7 km auf der Wolfgangsee Bundesstraße, dann rechts abbiegen nach Koppl und 1,4 km auf der Koppler Straße bis zum Gemeindezentrum mit dem Parkplatz auf der linken Seite

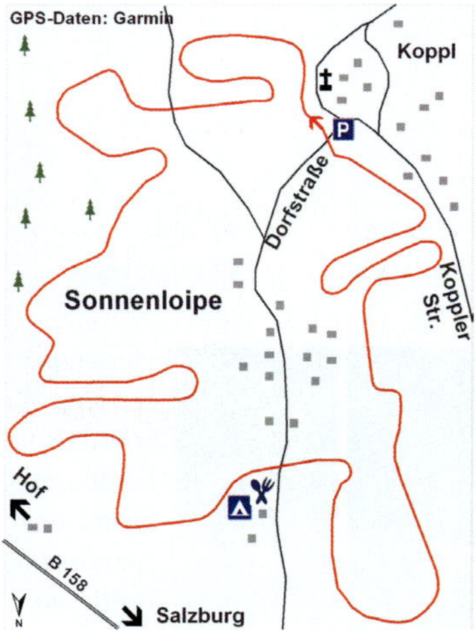

Navi-Adresse: 5321 Koppl, Dorfstraße 7.

Ausgangspunkt/P: Der P liegt hinter dem Gemeindezentrum. Einstieg beim Spielplatz (weiterer Einstieg auch beim Campingplatz möglich).

Infos/Gaststätten:
*Gasthof Kirchenwirt, Dorfstr. 3, Tel. +43 (0)6221/7202;
*Campingplatz Huberbauer, Jakobistraße 30, 5321 Koppl, Tel. +43(0)6221/8300, direkt an der Loipe, gute Küche.

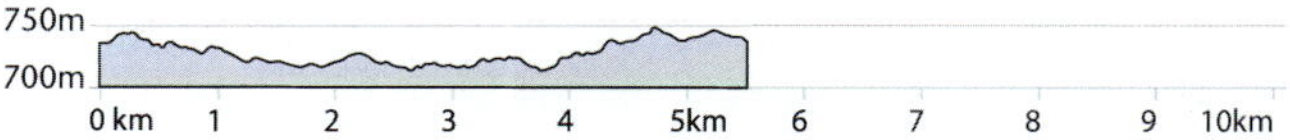

Angebote/Tipps:

- In Koppl gibt es mehrere kleine Schilifte, die besonders für Kinder geeignet sind.
- Hinter der Kirche ist ein Bob- und Schlittenhügel.

51 –52 Loipen in Ebenau
(Höhe: ca. 600 m)

▲ Mühlenloipe

Die landschaftlich sehr schöne Mühlenloipe mit ihren alten Mühlen ist für AnfängerInnen wie für SportlerInnen gut geeignet. Sie kann über einen Verbindungsweg mit der kürzeren Pitrachloipe verbunden werden. Je nach Tageszeit gibt es bei beiden schattige Passagen.

Anfahrt: Von Salzburg auf der Wolfgangsee Bundesstraße/B158 Richtung St. Gilgen, nach ca. 10 km, bei der markanten Linkskurve rechts abbiegen Richtung Ebenau. Nach ca. 4,5 km rechts abbiegen nach Ebenau;

Alternativer Anfahrtsweg Autobahnausfahrt Hallein – auf der Wiestalstraße Richtung Krispl, dann Ebenau (Navi-Adresse: Siehe Loipen).

Infos/Gaststätten: *Dorfwirt, Ebenau 12, 5323 Ebenau, Tel. +43(0)6221/7561, kein Ruhetag, bekannt für gute Schnitzel.

Loipen in Ebenau

51. Mühlenloipe

Schwierigkeitsgrad: ●	Länge: 4,1 km	76 Hm
Schneesicherheit: ✻✻✻✻✻	Wartung: ★★★★★	Gebühr: keine

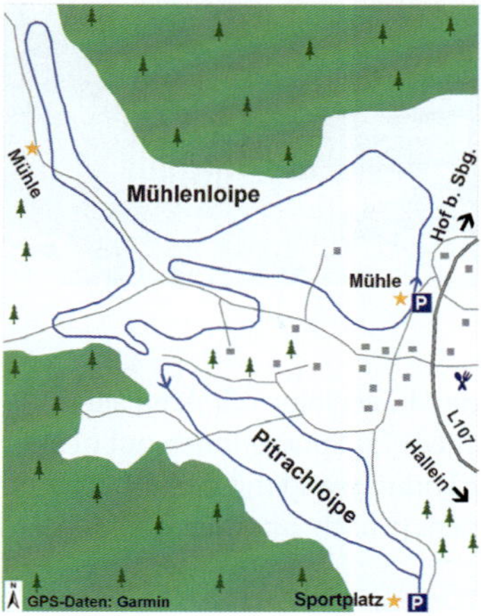

Beim Einstieg befindet sich die wunderschön restaurierte Waschlmühle. Von dort führt die Loipe in einer schönen Runde über Wiesen, vorbei an der Pertillmühle und geht dann leicht bergab wieder zurück.

Anfahrt: Nach der Einfahrt in den Ort Ebenau rechts halten nach Unterberg (Ausschau halten nach dem Feuerwehrhaus). **Navi-Adresse:** Unterberg 1, 5323 Ebenau (FFW).

Ausgangspunkt/P: Gegenüber dem Feuerwehrhaus befindet sich die Waschlmühle, das ist der AP der Loipe. Parkmöglichkeit einige Meter vorher.

Loipen in Ebenau

52. Pitrachloipe

Schwierigkeitsgrad: ●	Länge: 1,84 km	29 Hm
Schneesicherheit: ✻✻✻✻✻	Wartung: ★★★★★	Gebühr: keine

Vom Sportplatz Richtung Ebenau führt die Loipe über Wiesen in einem längeren Anstieg zum Waldrand und von dort wieder bergab zum Ausgangspunkt.

Anfahrt: Nach der Einfahrt in den Ort Ebenau weiter Richtung Unterberg, ca. 1,7 km weiter bis zum Sportplatz.
Navi-Adresse: Unterberg 16, 5323 Ebenau
P **Ausgangspunkt/P**: P bei Sportplatz Ebenau, Einstieg beim P.

53 – 54 Loipen in Hof bei Salzburg
(Höhe: ca. 730 m)

Die Loipe führt von Hof Richtung Salzburg zwischen Hofer Sattel und der Bundesstraße. Bei der großen Runde hat man zwei

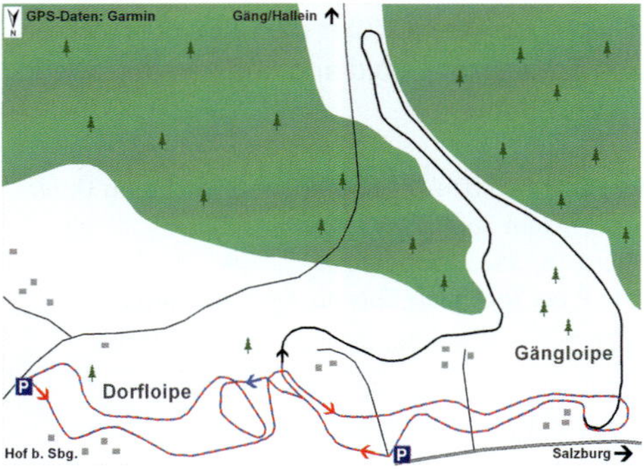

ziemlich steile Abfahrten, die nur für Versierte empfehlenswert sind. Je nach Tageszeit wechseln sich sonnige und schattige Passagen ab.

Anfahrt: Von Salzburg auf der Wolfgangsee Bundesstraße Richtung St Gilgen. In Hof Ortsmitte bei der Raika rechts abbiegen in die Lebachstraße. Nach 170 m befindet sich der Parkplatz auf der rechten Seite (kurz nach dem Autohaus). (Navi-Adresse: 20 m rechts nach der Adresse: 5322 Hof, Lebachstraße 4)

Infos/Gaststätten: *Mehrere Gaststätten in Hof, z.B. Gasthof zur Post, Dorfstraße 11, 5322 Hof bei Salzburg, Tel. +43(0)6229/2212

Angebote/Tipps:

- Schifahren mit Flutlicht.

Loipen in Hof bei Salzburg

53. Dorfloipe

Schwierigkeitsgrad: ●●	Länge: 4,1 km	130 Hm
Schneesicherheit: ★★★☆☆	Wartung: ★★★☆☆	Gebühr: keine

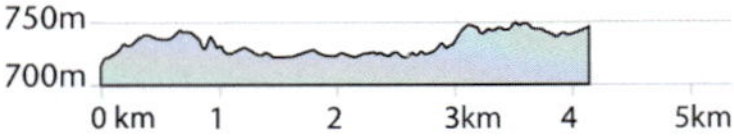

Die Runde beginnt flach und hat später einen ca. 15 m langen, steileren Anstieg. Dann beginnt eine eher schwierige Abfahrt, an deren Ende es über eine kleine Brücke geht. Nach dieser rechts halten und über Wiesen leicht bergab, bergan bis zum Umkehrpunkt der Tour. Von dort zuerst flach und später für ca. 50 m sehr steil retour. Hier schnallen die meisten LangläuferInnen die Schier ab. Nach diesem Stück geht's gemütlicher zurück.

Anfahrt: Siehe Anfahrt Loipengebiet Hof bei Salzburg.
Navi-Adresse: 20 m rechts nach der Adresse: 5322 Hof, Lebachstraße 4.
P Ausgangspunkt/P: Parken neben der Loipe, Einstieg direkt beim P.

Loipen in Hof bei Salzburg

54. Gängloipe

Schwierigkeitsgrad: ●	Länge: 6 km	213 Hm
Schneesicherheit: ✻✻✻✻✻	Wartung: ★★★★★	Gebühr: keine

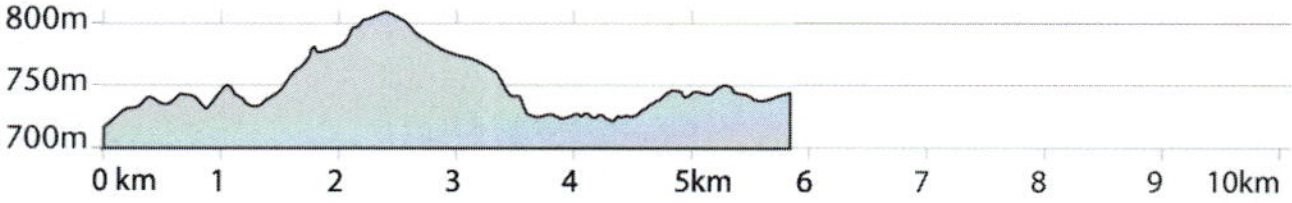

Die Gängloipe startet wie die Dorfloipe, jedoch nach der kleinen Brücke links, bergauf halten. Dann geht's bergauf und bergab bis zum höchsten Punkt in Gäng. Bis dahin sind durchgehend stark ansteigend ca. 80 Hm zu bewältigen. Bei der Abfahrt gilt es aufzupassen, denn gegen Ende befindet sich eine Steilstufe. Nicht Versierte sollten vorher aus der Spur steigen. Unten angelangt, mündet die Loipe beim Umkehrpunkt (siehe oben) in die Dorfloipe.

Anfahrt: Siehe Anfahrt Loipengebiet Hof bei Salzburg.
Navi-Adresse: 20 m rechts nach der Adresse: 5322 Hof, Lebachstraße 4.
P Ausgangspunkt/P: Parken neben der Loipe, Einstieg direkt beim P.

55 Loipe in Thalgau Dorf
(Höhe: ca. 550 m)

Loipe in Thalgau Dorf

55. Thalgau Tal-Loipe

Schwierigkeitsgrad: ●	Länge: 7 km	73 Hm
Schneesicherheit: ✻✻	Wartung: ★★★	Gebühr: 3,-/Pers.

Im Tal zwischen dem Kolomannsberg und dem Schober liegt Thalgau umgeben von weiten Wiesenflächen, auf denen man bei guter Schneelage auch eine nette Loipe spurt. Im Vergleich mit den Loipen am Thalgauberg ist jedoch die Schneesicherheit wesentlich geringer.
Angenehm zu laufende Loipe im flachen sonnigen Wiesengelände mit einem etwas längeren Anstieg.

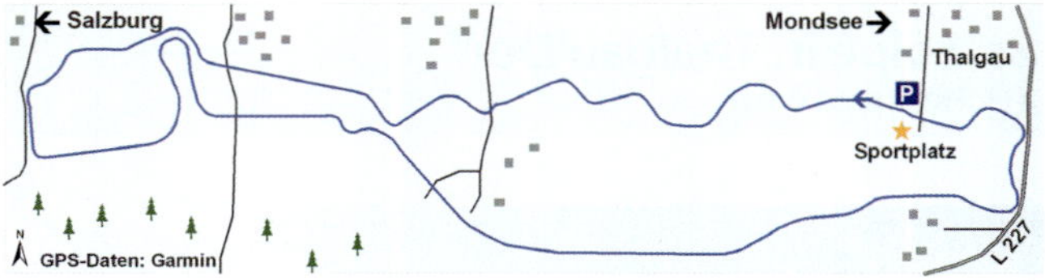

Anfahrt: Autobahnabfahrt Thalgau, in den Ort Thalgau und kurz nach der Apotheke rechts abbiegen in die Sportplatzstraße.
Navi-Adresse: 5303 Thalgau, Sportplatzstraße 39.
P Ausgangspunkt/P: Direkt bei Sportplatz-Parkplatz; weitere Einstiegsmöglichkeit bei der Stocksporthalle (Salzburgerstraße).
i Infos/Gaststätten: *Zum Einkehren gibt es mehrere Gaststätten in Thalgau oder z.B. *Gasthof Santner, +43 (0)6235/7216, Marktplatz 2 (550 m neben Sportplatz), Ruhetag: Mo, www.landgasthofsantner.at; *TVB Thalgau, Tel. +43 (0)6235/7350, www.fuschlseeregion.com; *Gemeinde Thalgau, Tel. +43 (0)6235/7471.

56 – 59 Loipengebiet Thalgauberg
(Höhe: ca. 770 m)

Foto: Ibetsberger

Weil höher gelegen, zählt dieses Gebiet zu den schneesicheren und Klassikern. Selbst im April finden sich meist noch optimale Bedingungen – bestens geeignet für AnfängerInnen wie auch für Versierte. Allein die Anfahrt ist herrlich mit schönen Ausblicken auf das Tal. Die Landschaft wirkt absolut beruhigend. Selbst wenn viele LäuferInnen unterwegs sind, tut dies der Stimmung keinen Abbruch. Das Moorgebiet scheint Lärm und Hektik absorbieren zu können.

Anfahrt: Autobahnabfahrt Thalgau, die Bundesstraße queren und der Straße den Thalgauberg hinauf folgen. An einer Weggabelung ist der Schlepplift nach links angeschrieben. Beschilderung bis zum Schilift folgen. (Navi-Adresse: 5303 Thalgau (Thalgauberg), Wasenmoostraße 7)

Infos/Gaststätten: *Gasthaus Zur Einkehr „Wasenmoos", Ruhetage: Di, Mi, Tel. +43 (0)6235/7296, www.thalgau.at oder www.wasenmoos.at

Schiverleih/Service: Nur bei Voranmeldung unter Tel. +43 (0)6235/6711 oder +43 (0)6235/7263 möglich!

Angebote/Tipps:

- **Langlaufkurs:** Nur gegen Voranmeldung, Kurskosten: EUR 5,- Auskunft: Ruth Pölzleitner, +43 (0)6235/7263 und Erika Achleitner, +43 (0)6235/6711, www.langlauf-thalgau.info

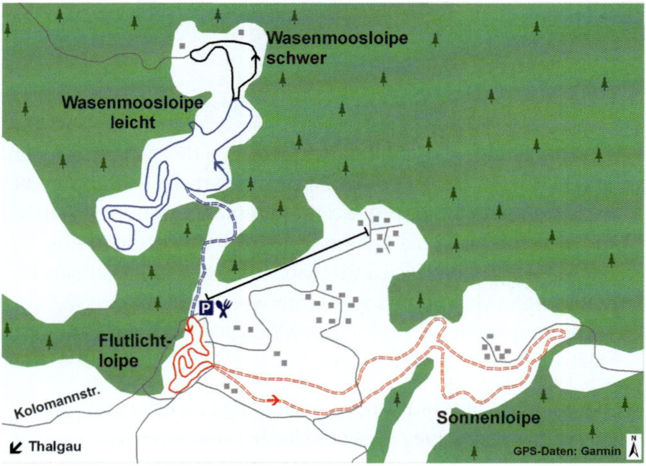

Loipengebiet Thalgauberg

56. Wasenmoosloipe schwer

Schwierigkeitsgrad: ●	Länge: 5,5 km	112 Hm
Schneesicherheit: ❄❄❄❄❄	Wartung: ★★★★★	Gebühr: 3,-/Tag

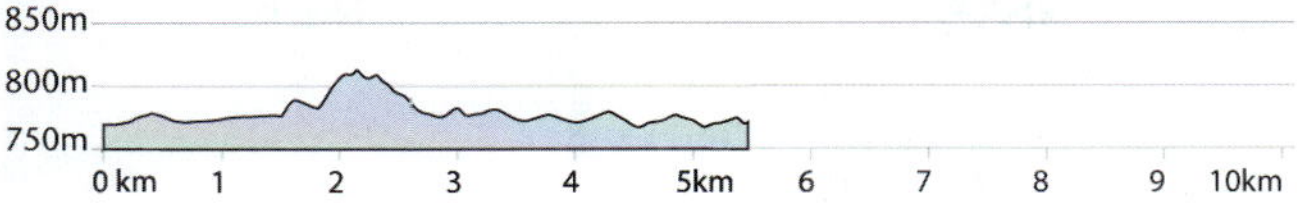

Herrliche Loipe im Wasenmoos auf knapp 800 m, schneesicher, sonnig, ruhig und wunderschön gelegen. Die kurze, knackige Steigung macht das Ganze etwas anspruchsvoller als die leichte Runde.

Anfahrt: Siehe Anfahrt Loipengebiet Thalgauberg.
Navi-Adresse: 5303 Thalgau (Thalgauberg), Wasenmoostr. 7.
P **Ausgangspunkt/P:** Direkt am Parkplatz.

Loipengebiet Thalgauberg

57. Wasenmoosloipe leicht

Schwierigkeitsgrad: ●	Länge: 4,4 km	70 Hm
Schneesicherheit: ❄❄❄❄❄	Wartung: ★★★★★	Gebühr: 3,-/Tag

Wie die Wasenmoosloipe schwer, jedoch ohne schwierige Steigung im hinteren Bereich – siehe Skizze. Alle vorhandenen Abzweigungen können problemlos benutzt werden.

Foto: Ibetsberger

Anfahrt: Siehe Anfahrt Loipengebiet Thalgauberg.
Navi-Adresse: 5303 Thalgau (Thalgauberg), Wasenmoostr. 7.
P **Ausgangspunkt/P:** Direkt am Parkplatz.

Loipengebiet Thalgauberg

58. Flutlichtloipe

Schwierigkeitsgrad: ●	Länge: 1,65 km	29 Hm
Schneesicherheit: ✲✲✲✲✲	Wartung: ★★★★★	Gebühr: 3,-/Tag

Kurze schöne Trainingsloipe mit Flutlicht. Ständiges Auf und Ab. Landschaftlich weniger attraktiv als die anderen Thalgauberg-Loipen. Flutlicht: Mo-Fr von 18.00 – 21.00 Uhr.

Anfahrt: Siehe Anfahrt Loipengebiet Thalgauberg.
Navi-Adresse: 5303 Thalgau (Thalgauberg), Wasenmoostr. 7.
P **Ausgangspunkt/P:** Direkt am Parkplatz.

Loipengebiet Thalgauberg

59. Sonnenloipe

Schwierigkeitsgrad: ●	Länge: 6,2 km	111 Hm
Schneesicherheit: ★★★★☆	Wartung: ★★★★★	Gebühr: 3,-/Tag

Foto: Ibetsberger

Unter allen Thalgauberg-Loipen bietet diese die schönsten Aussichten Richtung Mondsee und auf die Drachenwand. Die Spur quert einen Hang, wo die Sonne so richtig ansteht. Naturgemäß apert diese Loipe am frühesten aus.

Anfahrt: Siehe Anfahrt Loipengebiet Thalgauberg.
Navi-Adresse: 5303 Thalgau (Thalgauberg), Wasenmoostr. 7.
Ausgangspunkt/P: Direkt am Parkplatz.

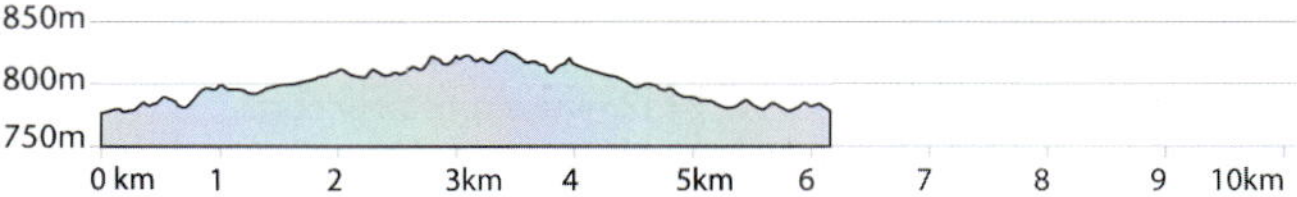

60 – 63 Loipengebiet Faistenau
(Höhe: zw. ca. 720 und 780 m)

Schneesicherheit, viel Sonne und perfekte Bedingungen machen das Loipengebiet Faistenau zum Klassiker. EinsteigerInnen können Schi ausleihen oder einen Kurs belegen und die Loipen sind fast beliebig kürz- oder verlängerbar. Natürlich kann aufgrund dieser Vorteile das Gebiet an manchen Tagen stark frequentiert sein.
Insgesamt ist das jedoch ein Top-Langlaufgebiet mit perfekt präparierten Loipen.

Anfahrt: Von Salzburg auf der Wolfgangsee-Bundesstraße Richtung St. Gilgen, nach dem Ort Hof beim Kreisverkehr rechts Richtung Faistenau abbiegen. Weiter siehe jeweilige Loipe. (Navi-Adresse: 5324 Faistenau, Bramsaustraße 3 (Volksschule))
Infos/Gaststätten: *Kleine Imbissstube bei Sportplatz;
*Ghf. Bramsaubräu, mit eigener Brauerei, Bramsaustr. 36,
Tel. +43 (0)6228/2566, Mi-Sa ab 15.00 So ab 11.30 Uhr;
*Hotel Ghf. Alte Post im Ort, Tel: +43 (0)6228/22050
Schiverleih/Service: www. langlaufdorf.at; *Sport Auer, Dorfstraße 17, 5324 Faistenau Tel. +43 (0)6228/2333, www.sportauer.com
Umziehmöglichkeit: Es gibt Umkleide- und Brausemöglichkeiten in der Volksschule.

Angebote/Tipps:

- **Langlaufkurs:** www.langlaufdorf.at; Sport Franky, Tel. +43(0)664/4302563, www.schischule-sportfranky.at, Josef Rehrl, Tel. +43(0)664/8108218
- **Winterwanderwege** direkt neben der Loipe.
- **Snowtubing**
- **Rodeln / Eislaufen**
- **Eislaufen am Hintersee**

Foto: Sali's

Loipengebiet Faistenau

60. Dorfloipe

Schwierigkeitsgrad: ●	Länge: 9,2 km	197 Hm
Schneesicherheit: ★★★★★	Wartung: ★★★★★	Gebühr: 4,- / Tag

Hügelige, großteils sonnige Loipe entlang des Ortsrandes mit ein paar steileren Anstiegen. Aufgrund der Spuranlage kann die Loipe in der Länge variiert werden. Je nach konditionellen

Voraussetzungen gibt es viele Stellen zum Abkürzen oder aber man läuft die gesamte, doch beachtliche Länge mehrmals. Eine rundum perfekte Loipe in schöner Landschaft.

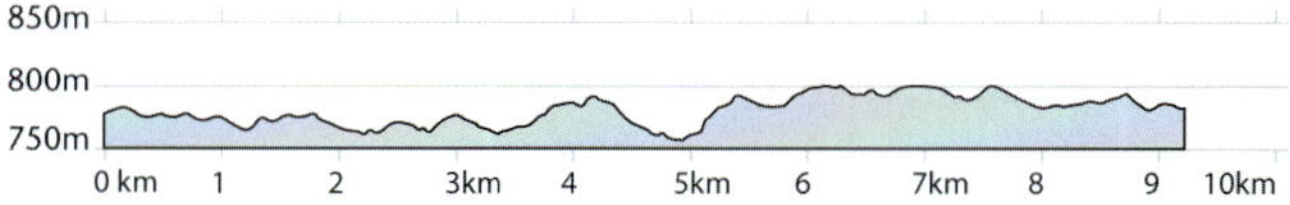

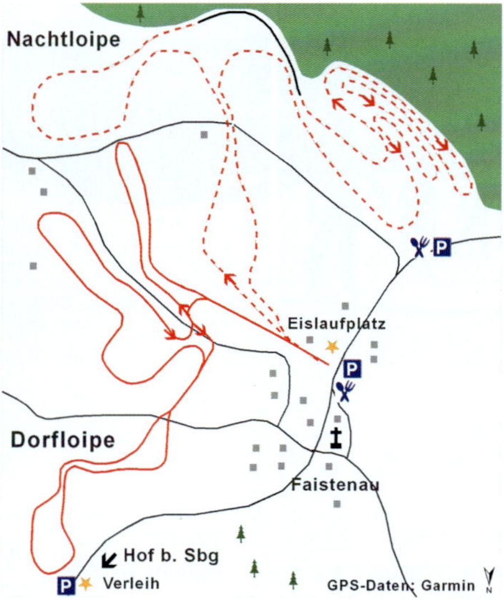

Anfahrt: Siehe Anfahrt Loipengebiet Faistenau. Rechts in den Ort abbiegen, Richtung Kirche und nach der Kirche bzw. dem Gemeindeamt links abbiegen in die Bramsaustraße bis zum Sportplatz.

Navi-Adresse: 5324 Faistenau, Bramsaustr. 3 (Volksschule).

P

Ausgangspunkt/P: Direkt bei der Volksschule.

Loipengebiet Faistenau

61. Nachtloipe

Schwierigkeitsgrad: ●●	Länge: 5,6 km	130 Hm
Schneesicherheit: * * * * *	Wartung: ★★★★★	Gebühr: 4,- / Tag

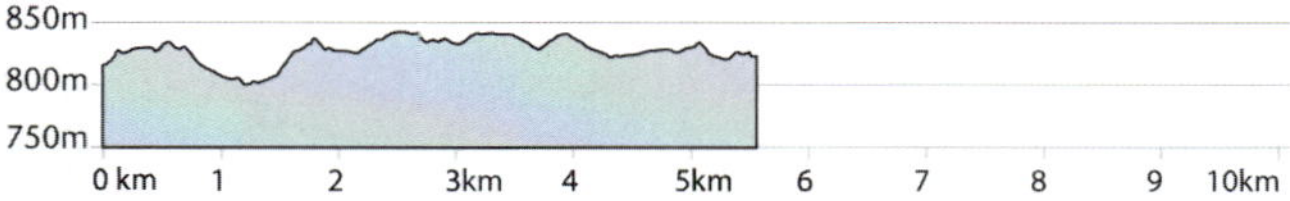

Nicht notwendig zu erwähnen, dass auch diese Spur perfekt präpariert ist. Deshalb kann man auch an manchen Abenden dem Nachwuchs der umliegenden Schiclubs beim Trainieren zusehen. Die Fähigkeiten der Kids im Kindergartenalter brachten uns zum Staunen.

Anfahrt: Siehe Anfahrt Loipengebiet Faistenau. Rechts in den Ort abbiegen, Richtung Kirche und nach der Kirche bzw. dem Gemeindeamt links abbiegen in die Bramsaustraße bis zum Sportplatz.
Navi-Adresse: 5324 Faistenau, Bramsaustr. 3 (Volksschule).
P **Ausgangspunkt/P:** Direkt bei der Volksschule.

Loipengebiet Faistenau

62. Tiefbrunnauloipe

Schwierigkeitsgrad: ●●	Länge: 19,9 km variierbar	276 Hm
Schneesicherheit: ✻✻✻✻✻	Wartung: ★★★★★	Gebühr: 4,- / Tag

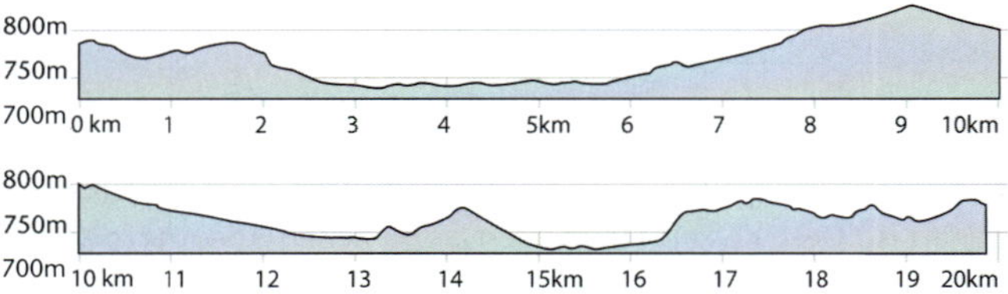

Diese Loipe ist ein Klassiker. Die Steigungen sind moderat und können auch von geschickten NeueinsteigerInnen problemlos bewältigt werden. Die Route kann immer wieder abgekürzt und so fast selber gestaltet werden, da das Gebiet sehr übersichtlich ist. Angenehm ist auch, dass man bei dieser Tour unterwegs die Möglichkeit zum Einkehren hat, um sich zu stärken oder gemütlich in der Sonne zu sitzen.

Anfahrt: Siehe Anfahrt Loipengebiet Faistenau. Rechts in den Ort abbiegen, Richtung Kirche und nach der Kirche bzw. dem Gemeindeamt links abbiegen in die Bramsaustraße bis zum Sportplatz.
Navi-Adresse: 5324 Faistenau, Bramsaustr. 3 (Volksschule).
P Ausgangspunkt/P: Parkplatz Sportplatz; weitere Einstiegsmöglichkeiten gibt es gegenüber Sport Auer im Ort oder beim Ghf. Oberascher in Tiefbrunnau.

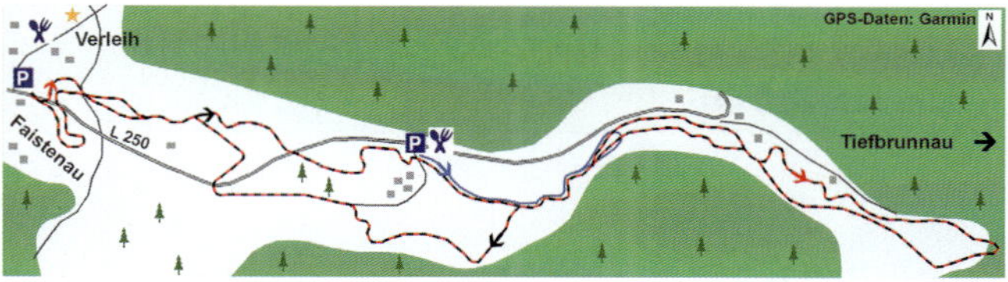

Loipengebiet Faistenau

63. Oberascherloipe

Schwierigkeitsgrad: ●	Länge: 4 km	31 Hm
Schneesicherheit: ★★★★★	Wartung: ★★★★★	Gebühr: 4,- / Tag

Die sonnig gelegene Oberascher Loipe ist eine kleine, wunderschöne Runde auf einem Teil der Tiefbrunnauloipe, die ohne nennenswerte Steigung auf überwiegend flachem Wiesengelände verläuft.

Anfahrt: Anfahrt wie Loipengebiet Faistenau, jedoch am Ort Faistenau vorbei und links abbiegen in die Tiefbrunnaustraße.

Navi-Adresse: Gh. Oberascher, 5324 Faistenau, Tiefbrunnaustraße 30.

P Ausgangspunkt/P: P Gh. Oberascher.

64 – 65 Loipen in Hintersee
(Höhe: ca. 710 m)

Schöne, teilweise in der Sonne gelegene Loipen im kupierten Gelände. Die Runden verlaufen rund um den Ort Hintersee über Wiesen, teilweise im Wald und am Waldrand entlang.

Anfahrt: Von Salzburg auf der Wolfgangsee-Bundesstraße (oder Autobahnausfahrt Thalgau) Richtung St Gilgen, am Ortsende von Hof beim Kreisverkehr 1. Ausfahrt nach Faistenau. Nach Faistenau weiter bis nach Hintersee, nach 12 km auf der rechten Seite zum Parkplatz des Schilifts abbiegen. (Navi-Adresse: 5324 Hintersee, Hintersee 65)

Infos/Gaststätten: *Ghf. Hintersee, Hintersee 4, Ruhetage: Mo, Di, Tel. +43(0)6224/8900-0, www.hintersee.at; *Schiliftstüberl direkt am Parkplatz.

Schiverleih/Service:
Bei Talstation Auskunft einholen: Hans Gassner, www.ski-mountain.at, Tel. +43(0)6224/220

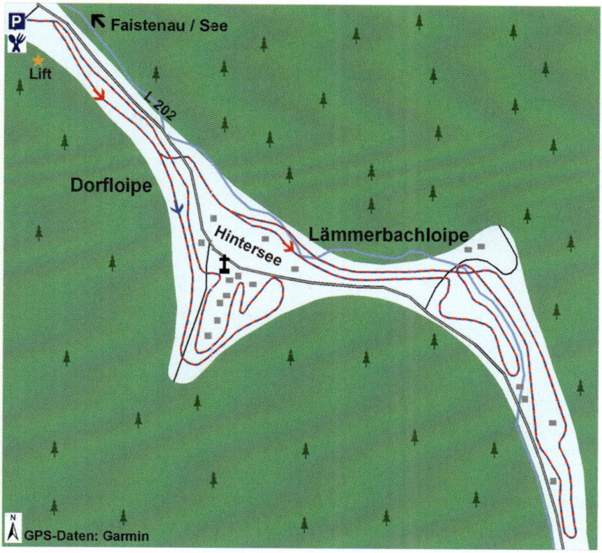

Angebote/Tipps:

- **Langlaufkurs:** Hans Gassner, www.ski-mountain.at, Tel. +43(0) 6224/220 od. +43(0) 6232/3175
- **Hirschfütterung:** Es ist ein schönes Schauspiel, wenn der Förster im Winter jeweils am Mo, Mi und Fr die Hirsche füttert. Auf dafür vorgesehenen Verschlägen darf man sitzend dabei zusehen. Da man leise sein muss, für Kinder unter 3 Jahren nicht geeignet. Nur gegen Voranmeldung beim Ghf. Hintersee

Angebote/Tipps:

- **Rodelbahn** zur Schafbachalm oder Sausteigalm. Auf der Zufahrtsstraße vor dem Ort Hintersee rechts abzweigen.

Loipen in Hintersee

64. Dorfloipe

Schwierigkeitsgrad: ●●	Länge: 6,1 km	151 Hm
Schneesicherheit: ✻✻✻✻✻	Wartung: ★★★★★	Gebühr: 3,- / Tag

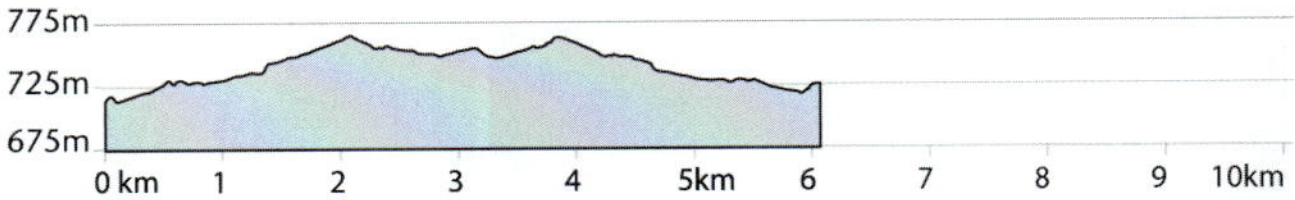

Nach einer kurzen, steilen Abfahrt neben dem Schilift führt die Loipe über Wiesen entlang der Landesstraße nach Hintersee. Nach einer Schleife geht es am Ortsrand entlang wieder retour zum Ausgangspunkt.

Anfahrt: Siehe Anfahrt Loipengebiet Hintersee.
Navi-Adresse: 5324 Hintersee, Hintersee 65.
P Ausgangspunkt/P: P bei Schilift, Einstieg direkt am P.

Loipen in Hintersee

65. Lämmerbachloipe

Schwierigkeitsgrad: ●●	Länge: 10,2 km	158 Hm
Schneesicherheit: ✻✻✻✻✻	Wartung: ★★★★★	Gebühr: 3,- / Tag

Am Beginn geht's ein kurzes Stück auf der Dorfloipe. Vor dem Ort überquert man einmal die Landesstraße, um dann durch den Wald dem Verlauf des Lämmerbaches zu folgen.
Nach der Wende in Vordergrubenbach geht es auf Wiesen und am Bach entlang retour zum Ausgangspunkt.

Anfahrt: Siehe Anfahrt Loipengebiet Hintersee.

Navi-Adresse: 5324 Hintersee, Hintersee 65.

Ausgangspunkt/P: P bei Schilift, Einstieg direkt am P.

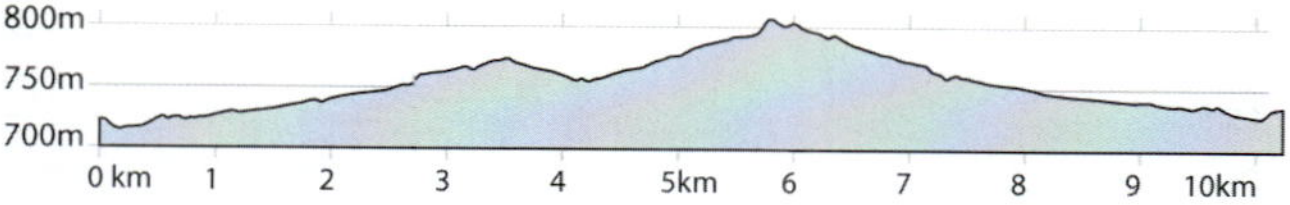

66 Loipe in Fuschl
(Höhe: ca. 680 m)

Loipe in Fuschl

66. Perfall-Loipe

Schwierigkeitsgrad: ●	Länge: 5,6 km	123 Hm
Schneesicherheit: ❄❄❅❅❅	Wartung: ★★★☆☆	Gebühr: keine

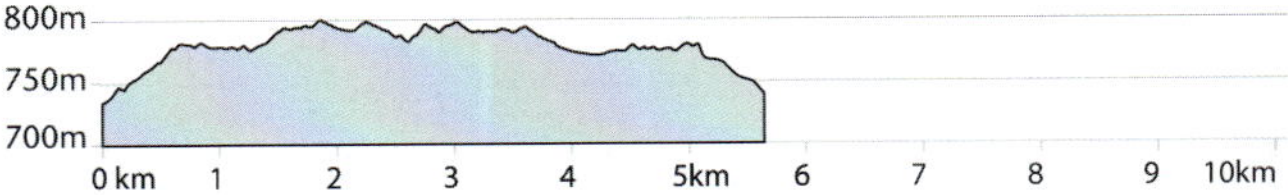

Am Vormittag eher sonnige, am Nachmittag eher schattige Loipe, die sich vom Seeweg Richtung Süden zieht. Die Runde beinhaltet ständiges, mittelschwieriges Auf und Ab.
Vom Parkplatz an der Bundesstraße verläuft die Loipe stetig

ansteigend teilweise durch Waldgelände bis Perfalleck. Dort weiter im leicht hügeligen Wiesengelände. Eine schöne, nicht allzu lange Runde. Zusätzlich gibt es je nach Schneelage noch 2-3 weitere gespurte Loipen.

Angebote/Tipps:

- **Fuschlseebad:** Neu angelegte, schöne und kleine Badeanlage mit Innenbecken, Sauna, Infrarotkabine und Dampfbad; Dorfstraße 30, 5330 Fuschl am See, Tel. +43(0)6226/8288. www-fuschlseebad.at

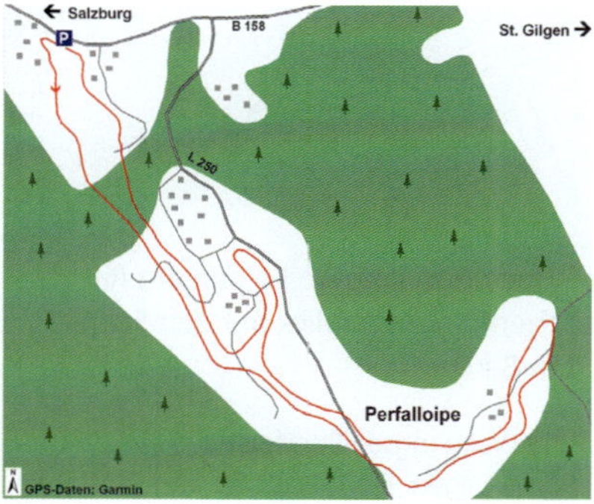

Anfahrt: Von Salzburg auf der Wolfgangsee-Bundesstraße (oder Autobahnausfahrt Thalgau) Richtung St. Gilgen. Ca. 7,6 km nach Hof, noch vor Fuschl P neben der Straße auf der rechten Seite.
Navi-Adresse: 5330 Fuschl, Hohenaustraße 12, (20m vor dieser Adresse befindet sich der P).

P Ausgangspunkt/P: Info-Tafel neben Bundesstraße kurz vor Fuschl = P / Einstieg direkt am P.

Infos/Gaststätten: *Fuschlsee Tourismus, Dorfplatz 1, Tel. +43 (0)6226/8384. Loipendetails mit Fotos und Karten auch auf der Homepage von: www.fuschlseeregion.com. Die Angaben weichen jedoch – je nach Schneelage leicht von unseren, vor Ort überprüften Aufzeichnungen ab. *Es gibt ein reiches Angebot von Gaststätten in Fuschl.

67 – 69 Loipen in Strobl / Abersee
(Höhe: ca. 550 m)

Sehr schöne, sonnig gelegene und längere Loipen am Rande des Wolfgangsees. Herrlicher Panoramablick auf den Schafberg und die umliegenden Berge.

Anfahrt: Von Salzburg auf der Wolfgangsee-Bundesstraße (oder Autobahnausfahrt Thalgau) Richtung St. Gilgen. Dort Richtung Strobl/Abersee. (Navi-Adresse: Je nach Loipe entweder Strobl oder Abersee – siehe Loipen)

Infos/Gaststätten: Seeuferloipe Abersee: *Gasthof Wiesenhof, Tel: +43 (0)6137/7060, Ruhetag: Mo und Di, www.wiesenhof-abersee.com

Strobl: *Kleines Büffet (Schnellimbiss) direkt beim Busbahnhof; *Ghf. Alte Post, Ischler Straße 66, Tel. +43 (0)6137/5286-0, Ruhetag: Mo

*Gasthof Laimer Urschlag, Salzburger Str. 14, Tel. +43(0)6137/7262, www.laimeralm.at

Schiverleih/Service: Sport Girbl, 5350 Strobl, Bahnstr. 300, Tel: +43 (0)6137/7484, www.sport-girbl.at

Angebote/Tipps:

- **Langlaufkurs:** Sport Girbl, 5350 Strobl, Bahnstr. 300, Tel: +43 (0)6137/7484, www.sport-girbl.at

Loipe in Abersee

67. Seeuferloipe

Schwierigkeitsgrad: ●	Länge: 10,5 km	73 Hm
Schneesicherheit: ✻✻✻✻✻	Wartung: ★★★★★	Gebühr: keine

Sehr schöne, einfache Loipe, die über Wiesen entlang des Seeufers nach Strobl führt. Auf der anderen Seeseite sieht man auf den Ort St. Wolfgang und auf den Schafberg. Diese Tour lädt zum kurzen Verweilen am Seeufer ein.

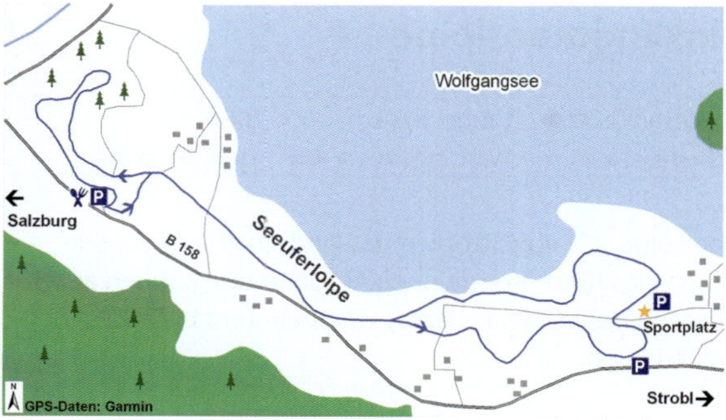

Anfahrt: Von St. Gilgen weiter auf der Wolfgangsee Str., nach dem Ortsteil Abersee/Gschwendt nach ca. 350 m links abbiegen zum Ghf. Wiesenhof.
Navi-Adresse: 5342 Strobl, Gschwendt 191 (Ghf. Wiesenhof)
P Ausgangspunkt/P: Ghf. Wiesenhof P, Einstieg beim P (weiterer Einstieg in Strobl möglich)

Loipen in Strobl

68. Blinklingmoosloipe

Schwierigkeitsgrad: ●●	Länge: 8,3 km	72 Hm
Schneesicherheit: ✲✲✲✲✲	Wartung: ★★★★★	Gebühr: keine

Schöne Loipe, die von Strobl in das landschaftlich reizvolle Blinklingmoos führt. Konditionell Ausdauernde können auch in die Seeuferloipe (siehe Skizze) wechseln und bis nach Abersee weiterlaufen.

Anfahrt: Von St. Gilgen weiter auf der Wolfgangsee-Bundesstraße, kurz vor Strobl Parkplatz auf der linken Straßenseite (direkt an der Straße).

Navi-Adresse: 5350 Strobl, Wolfgangsee Str. (450 m vor Kreuzung nach Strobl)

P Ausgangspunkt/P: Einstieg direkt beim P, weiterer Einstieg auch beim Sportplatz möglich (5350 Strobl, Sportplatzstr. 343)

Loipen in Strobl

69. Weißenbachloipe

Schwierigkeitsgrad: ●	Länge: 16,2 km	188 Hm
Schneesicherheit: ❄❄❄❄❄	Wartung: ★★★★★	Gebühr: keine

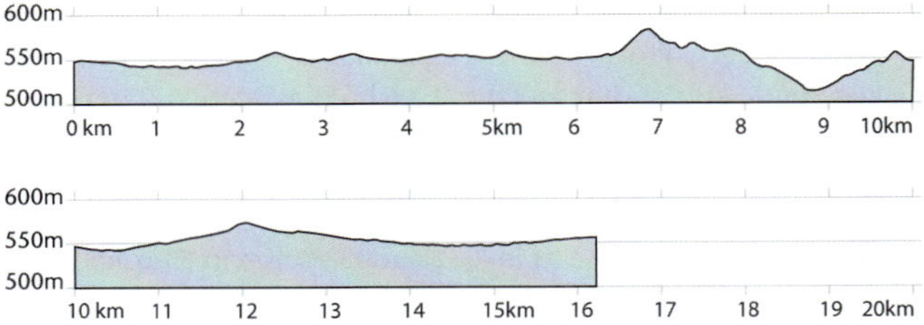

Das ist eine der längsten Loipen des Buches. Sie hat uns besonders gut gefallen, weil sie abwechslungsreich und landschaftlich sehr schön ist. Angenehm ist, dass keine extremen Steigungen dabei sind, sondern es mehrmals im mäßigen Auf

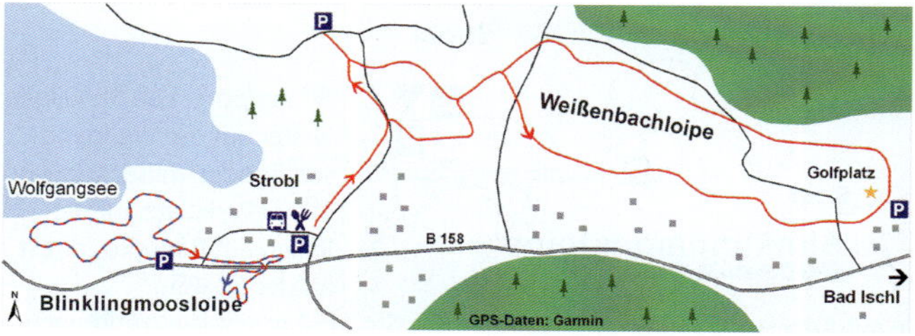

und Ab dahingeht. Es bedarf jedoch einer gewissen Grundkondition und –fertigkeiten. Denn nach der ersten kleineren Schleife (siehe Skizze) gibt es keine Abkürzmöglichkeit.
Es gibt mehrere Einstiege. Wir starten unsere Beschreibung vom Busbahnhof in Strobl, um es für öffentlich Anreisende einfacher zu machen. Von hier geht's zuerst am Ortsrand entlang. Dann müssen kurz die Schier abgeschnallt werden, um die Brücke und die Landesstraße überqueren zu können. Die Loipe geht weiter über Wiesen, umrundet einen kleinen Hügel und führt weiter über Wiesenflächen. Dann geht's über Hügelrücken zum Golfplatz, wo das Clubhaus umrundet wird und die Spur – immer durchsetzt mit leichten Anstiegen – zurück zum AP führt.

Anfahrt: Von St. Gilgen weiter auf der Wolfgangsee Straße. Bei Strobl in den Ort abbiegen und weiter in die Bahnstraße bis zum Busbahnhof
Navi-Adresse: 5350 Strobl, Bahnstraße 392 (Busbahnhof)
P Ausgangspunkt/P: Vom P sind es 40 m bis zur Loipe; Weitere Einstiegs-Möglichkeiten: Golfclub Salzkammergut (Aschau), Schwarzenbach (5360 St. Wolfgang, Schwarzenbach 8 – 30 m danach Einstiegsstelle)

70 – 72 Loipengebiet Postalm
(Höhe: zw. 1170 und 1320m)

Eines der landschaftlich schönsten und das schneesicherste Gebiet in der ganzen Region. Die Loipen sind durchaus als anspruchsvoll zu bezeichnen und wegen der Lage des Gebietes auf 1.200 m empfehlen wir, es langsam und gemächlich anzugehen, sich Zeit zum Genießen der wunderschönen Aussicht und der Ruhe zu nehmen.

Anfahrt: Autobahn Richtung Wien, Ausfahrt Mondsee über St. Gilgen am Wolfgangsee nach Strobl, dort rechts abbiegen, Auffahrt zur Postalm (Achtung: Mautgebühr). Oder: Autobahn Richtung Villach Ausfahrt Golling – Richtung Abtenau. Vor Abtenau links auf die Postalm (Mautgebühr). (Navi-Adresse: Siehe Loipen)

Infos/Gaststätten: Lienbach- und Verbindungsloipe: *Restaurant Lienbachhof, Tel. +43 (0)6137/6061, durchgehend geöffnet, www.lienbachhof.at; *Huberhütte (direkt an den Loipen), Tel. +43(0) 664 9314465, durchgehend geöffnet. Panoramaloipe: *Schafbergblick-hütte, Tel. +43(0)6137/6107, direkt in der Mitte der Tour, Weihnachten bis Ostern je nach Witterung geöff-net, www.schafbergblick.at

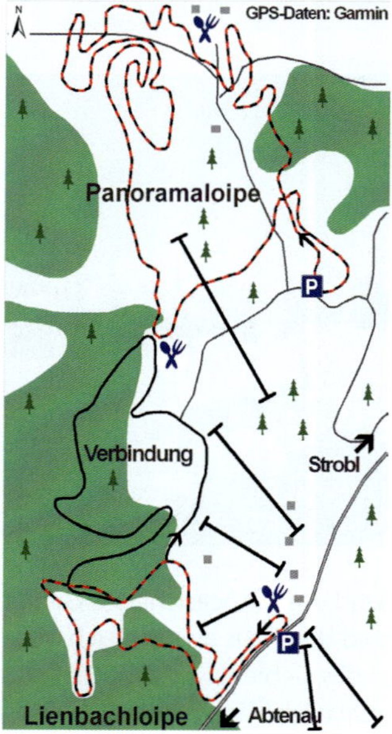

Schiverleih/Service: Sport Girbl / Sport Noppi, Schiverleih Postalm direkt beim Liftzentrum, Tel. +43(0)6137 6095, www.sport-girbl.at

Angebote/Tipps:

- **Langlaufkurs:** Sport Girbl / Sport Noppi, Schiverleih Postalm.
- **Snow Tubing**
- **Schifahren**

Loipengebiet Postalm

70. Lienbachloipe

Schwierigkeitsgrad: ●●	Länge: 4,5 km	90 Hm
Schneesicherheit: ✼✼✼✼✼	Wartung: ★★★★★	Gebühr: 5,- Maut/Pers.

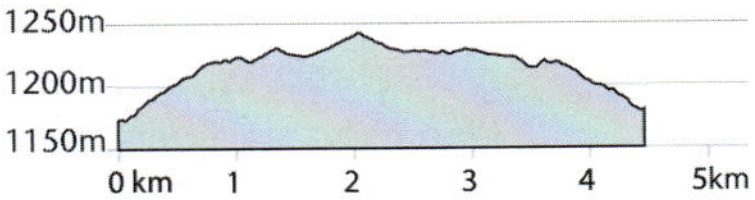

Landschaftlich sehr schöne, teilweise sonnige Loipe. Sie beginnt mit einem längeren Anstieg, zieht sich dann durch den Wald auf eine wunderschöne flache Wiese, vorbei an idyllischen Almhütten, mit Aussicht auf den Labenberg. Zurück geht es dann wieder länger bergab zum Ausgangspunkt.

Anfahrt: Oben auf der Postalm Beschilderung P1 folgen.
Navi-Adresse: 5342 Weißenbach, Strobl-Weißenbach 279
P Ausgangspunkt/P: P1, Einstieg direkt beim P

Foto: nr22.com

Loipengebiet Postalm

71. Verbindungsloipe

Schwierigkeitsgrad: ●●	Länge: 4,7 km	135 Hm
Schneesicherheit: * * * * *	Wartung: ★ ★ ★ ★ ★	Gebühr: 5,- Maut/Pers.

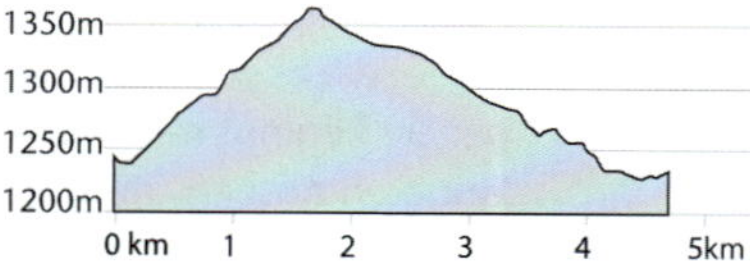

Schwierige Strecke, größtenteils schattig gelegen, die nur über einen Teil der Lienbachloipe erreicht werden kann. Sehr viele lange Aufstiege. Dient als Verbindung von der Lienbachloipe zur Panoramaloipe. Die schnelle Abfahrt führt größtenteils durch den Wald retour zum AP.

Anfahrt: Oben auf der Postalm Beschilderung P1 folgen.
Navi-Adresse: 5342 Weißenbach, Strobl-Weißenbach 279
P Ausgangspunkt/P: P1, Einstieg direkt beim P.

Loipengebiet Postalm

72. Panoramaloipe

Schwierigkeitsgrad: ●●	Länge: 10,7 km	245 Hm
Schneesicherheit: * * * * *	Wartung: ★ ★ ★ ★ ★	Gebühr: 5,- Maut/Pers.

Diese Loipe ist die höchstgelegene unseres Buches. Ungefähr zur Hälfte – wenn man zugegebenermaßen schon etwas müde ist, erreicht man eine Anhöhe und plötzlich weitet sich der

Blick. Uns ging das Herz auf, als wir bei schönstem Winterwetter das sanfte, hügelige Almgelände erreichten, fast kitschig mit einer verschneiten Almhütte und rauchendem Kamin.

Vom AP geht's stetig bergauf und wird dann etwas flacher. Die Loipe kreuzt die Liftspur und führt vorbei an der Huberhütte, bevor es wieder und beständig aufwärts weiter geht. Kurz vor dem höchsten Punkt gibt es die Möglichkeit, eine Schleife zu sparen (siehe Skizze). Dann geht's im leichten Bergab und Bergauf bis zur Schafbergblick-Hütte – wo man je nach Witterung wunderbar in der Sonne sitzen kann.
Weiter geht's immer bergab zum tiefsten Punkt der Runde und wieder kurz ansteigend vorbei an der Kapelle zurück zum AP.

Anfahrt: Oben auf der Postalm Beschilderung P3 folgen.
Navi-Adresse: 5342 Weißenbach, Strobl-Weißenbach 47
P Ausgangspunkt/P: P3, Einstieg direkt beim P

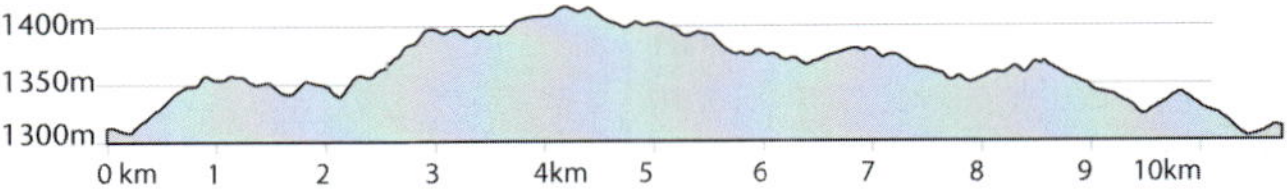

Weitere Loipen in der Region

Hier sind weitere Loipen angeführt, deren Daten wir nicht erhoben haben. Manche werden – je nach Schneelage – regelmäßig und manche fallweise gespurt. Einzelne davon wurden aufgelassen, könnten aber vielleicht wieder einmal „in Betrieb" genommen werden. Die Liste soll als Ideengeber dienen. Bei guter Schneelage sind diese Loipen durchaus – besonders als Nahziel – empfehlenswert.
Nähere Infos teilweise auch unter: www.salzburgerland.com, www.berchtesgadener-land.com – Winter – oder direkt bei den Gemeinden.

Südlicher Flachgau und Tennengau:

- Annaberg-Lungötz
- Bad Dürrnberg – Hallein
- Golling - Moosegg
- Rußbach
- St. Koloman
- St. Martin am Tennengebirge (Pg.)

Berchtesgadener Land - Rupertiwinkel

- Anger-Zellberg - Höglwörth
- Laufen
- Piding - Aufham

- Schneizlreuth/Weißbach a. d. Alpenstraße
- Teisendorf-Neukirchen

Nördlicher Flachgau

- Berndorf
- Elsbethen – Rauchenbühel
- Lamprechtshausen
- Obertrum
- Schleedorf
- Seeham
- Straßwalchen

Die schneesichersten Loipen

Foto: Ibetsberger

Eine der großen Herausforderungen der Loipenbetreuer ist die Schneesicherheit. Was nützt die schönste Landschaft, das beste Spurgerät, der engagierteste Verein, wenn es keinen Schnee gibt? Zudem verändern Schneeverhältnisse ständig die Spurmöglichkeiten sowie – nicht zu unterschätzen – den Schwierigkeitsgrad.

Um die Auswahl gerade in schneearmen Wintern zu erleichtern, geben wir hier – zusätzlich zu unseren Schneeflocken in der Inhaltsangabe – einen Überblick über die unserer Meinung nach schneesichersten Loipen. Wir beginnen wieder im Uhrzeigersinn mit dem Süden, dann Westen usw. mit der Sammlung (von Salzburg-Stadt aus gesehen). Der niedrig gelegene nördliche Flachgau ist naturgemäß wenig schneesicher.

Da es jedoch auch hinsichtlich Schneesicherheit Abstufungen gibt, untergliedern wir nochmals in sehr schneesichere und Gebiete mit guter Schneesicherheit.

Schneesichere Loipen: kurze Übersicht

Loipen mit sehr guter Schneesicherheit:

- S: 10 – 11 Kuchl
- W: 23 Scharitzkehl
- O: 60 – 63 Faistenau
- O: 64 – 65 Hintersee
- O: 70 – 72 Postalm (Süd/Ost)

Loipen mit guter Schneesicherheit

- S: 15 – 18 Abtenau
- W: 31 – 35 Aschau
- O: 56 – 59 Thalgauberg

Loipen mit sehr guter Schneesicherheit

S: 10 – 11 Kuchl im Tennengau

Auf 700 m Höhe und fast parallel zum Bluntautal befindet sich die Gasteigloipe. Die Route liegt am Nachmittag fast vollständig im Schatten. Aufgrund der Einbettung ist es hier sehr windstill, ruhig und idyllisch. Leider ist die Öffnung des Gasthofes Schöne Aussicht gleich nebenan im Winter nicht gewährleistet, was wir sehr schade finden. Vielleicht machen aber viele potentielle Gäste eine Wiedereröffnung möglich.

W: 23 Scharitzkehl im Berchtesgadener Land

Vielleicht zählt diese Loipe nicht zu den landschaftlich beeindruckendsten. Sie hat jedoch einen herausragenden Schnee-Vorteil: Sie liegt fast vollständig im Schatten. Sehr beliebt ist sie daher als Trainingsstrecke und sie ist gut geeignet, um sich einfach auszutoben.

O: 60 – 63 Langlaufgebiet Faistenau

Der Klassiker Faistenau punktet auch hinsichtlich Schneesicherheit. Es mag verwundern, denn das Gebiet zeichnet sich auch durch viele Sonnenstunden aus, aber Faistenau ist ein richtiges Schneeloch.
Hier werden keine Kosten und Mühen gescheut, um die Loipen instand zu halten und natürlich gibt es auch finanziell einen größeren Spielraum als in kleinen Gebieten. So werden extra Schneedepots angelegt, um im Frühjahr der Schneeschmelze entgegenwirken zu können.

O: 64 – 65 Hintersee

Wen wunderts, dass die Loipe in Hintersee zu den schneesichersten zählt, gibt es doch hier auch eine Eiskapelle (siehe dazu auch unser Wanderbuch: „Kinder-Wanderungen Salzburg und Berchtesgadener Land" – ein sehr empfehlenswertes Ziel im Sommer).
Neben Eiskletterern tummeln sich hier deshalb auch weit in den Frühling hinaus die LangläuferInnen.

O: 70 – 72 Postalm

In puncto Schneesicherheit ist die Postalm, DAS Top-Ziel. Auf 1.200 m Höhe findet man wahrlich paradiesische Zustände. Aber Achtung: Obwohl das alpine Schigebiet bei Familien besonders beliebt ist, haben es die Loipen in sich. Das ist etwas für Geübte mit guter Grundkondition! Das Gebiet selbst ist traumhaft.

Loipen mit guter Schneesicherheit

S: 15 – 18 Abtenau

Aufgrund der Lage und nicht zuletzt auch aufgrund der guten Wartung lassen sich die schattseitigen Loipen meist lang in den Frühling hinaus benützen.
Das Gebiet ist landschaftlich sehr schön und die Rahmenbedingungen (Gaststätten, Schiservice etc.) passen optimal.

W: 31 – 35 Aschau

Man bemüht sich redlich, am Aschauer Weiher so viele Loipen wie möglich und so lange wie möglich benützbar zu halten – trainieren hier doch auch Kader-Athleten und -Athletinnen aus den verschiedensten Schiverbänden.

Der Nachteil – was meist auch gleichzeitig der Vorteil ist: Es ist sehr sonnig.

O: 56 – 59 Thalgauberg

Auf 750 m Höhe gelegen und ziemlich sonnig, halten die Loipen bis April meistens durch. Wegen der Lage auf der Hochebene in einer wunderschönen Umgebung zählt dieses Gebiet einfach zu den Klassikern. Ausnahme – es sagt der Name schon – ist die Sonnenloipe.

(Neu-)EinsteigerInnen und Kinder

Foto: Fuchs

Bei der Erstellung dieses Kapitel stellten wir uns die Frage, welche Bedürfnisse der/die typische EinsteigerIn hat. Wer ist nun aber der/die typische EinsteigerIn im Langlaufen? Alt oder jung? Sportlich oder unsportlich? Konditionell eher schwach oder top trainiert?

Weil es keine allumfassende Antwort auf diese Fragen gibt, haben wir eine Reihung hinsichtlich Vielfalt vorgenommen und jene Gebiete sortiert, bei denen auch am Wochenende oder für Kinder ein Verleih möglich ist, bei denen konditionell eher Schwache genauso auf ihre Kosten kommen wie Trainierte, GenussläuferInnen genauso wie SportlerInnen.

Herausgekommen sind zwei Kategorien: die Top-Regionen, die (fast) alle Stückerl spielen, mit perfekter Wartung und Wochenendverleih etc. und jene Regionen, die bei geeigneter Schneelage ebenfalls gut zu laufen sind – bei denen jedoch schon eine eigene Ausrüstung vorausgesetzt wird. Ausleihmöglichkeiten sind bei den jeweiligen Gebieten angeführt.

Kurze Übersicht:

Top-Regionen, die (fast) alle Stückerl spielen

Hier gibt es auch Langlaufschulen, am Wochenende einen Schiverleih, die Gebiete sind relativ schneesicher, die Loipen sehr gut gepflegt und haben eine nette Auswahl an Touren. Die Reihung beginnt im Süden (S) und verläuft dann im Uhrzeigersinn weiter.

- S: 15 – 18 Abtenau
- W: 31 – 35 Aschauer Weiher
- NO: 56 – 59 Thalgauberg
- O: 60 – 63 Faistenau

Ohne Schiverleih:

Diese Loipen sind gut für AnfängerInnen geeignet, haben jedoch meist keinen Verleih in der Nähe.

- S: 1 – 3 Hellbrunn und Salzburg Süd-Loipen
- S: 8 – 9 Bad Vigaun
- W: 36 – 38 Bayerisch Gmain
- W: 24 Jennerloipe, Königssee
- O: 68 Blinklingmoos, Strobl

Top-Regionen für EinsteigerInnen

Foto zur Verfügung gestellt von Sport Auer Faistenau

S: Loipen 15 und 18 in Abtenau

Für EinsteigerInnen sind die Flutlichtloipe und Auloipe II gut geeignet.

Schiverleih auch am Wochenende!

Abtenau zeigt wirklich Einsatz bei der Pflege seiner Loipen. Es gibt ein reiches und vielfältiges Angebot, von leicht bis schwierig, kurz bis lang, sonnig und schattig. Mit angrenzendem Schigebiet kann es auch die gesamte Infrastruktur bieten: Schiservice, Schiverleih, Öffnungszeiten auch an Wochenenden (Achtung: Mittagspause beachten) und mehrere Einkehrmöglichkeiten in der Nähe.

Zum Einstieg empfehlen wir – je nach Geschick und Ausdauer –, entweder mit der ganz kurzen, nur 1,1 km langen Flutlichtloipe oder mit der längeren Auloipe II zu starten. Zweitere ist 5,5 km lang, hat sanfte Anstiege und ist am Vormittag sonnig.

Am Nachmittag ist die Loipe eher schattig, aber gerade dieser Gegensatz zwischen sonnigen Abschnitten und dem schattigen Teil, wo an kalten Tagen die Schneekristalle überall den ganzen Tag bleiben, ist reizvoll. Wunderschön ist es auch, wenn sich durch den Temperaturunterschied in Bachnähe Nebelschwaden bilden.

Eignung für Kinder: An kalten Tagen muss man Kinder wirklich warm anziehen und in Bewegung halten.

W: 31 Loipengebiet Aschauer Weiher

Schiverleih auch am Wochenende!

In der Nähe von Berchtesgaden liegt das Loipengebiet Aschauer Weiher. Loipen verschiedenster Schwierigkeitsgrade und Längen lassen keine Wünsche offen.

Toni Müller, der Betreiber der Langlaufschule und des Verleihs hat ein kleines Lager an Ausrüstungen in praktisch jeder Größe. Je öfter man kommt, desto billiger wird's. Und wenn er Zeit hat, kann man sich gleich auch einschulen lassen. Direkt nebenan gibt's dann noch eine Gaststätte zum Aufwärmen.

Zum Einsteigen empfehlen wir die Aschau I-Runde. Sie ist leicht, kurz (1,2 km) und sonnig. Wer sich dann in ein paar Runden schon an den Sport gewöhnt hat, kann sich an die größere Aschau II-Runde (2,4 km) wagen. Sie ist wunderschön gelegen und ebenfalls sehr sonnig.

Eignung für Kinder: Gerade auch kleinere Kinder ab dem Volksschulalter können eine Minirunde um den Weiher gehen und wenn's langweilig wird, kann man die Schlittschuhe auspacken und am zugefrorenen Weiher eislaufen.

Foto: Fuchs

O: 57 Wasenmoosloipe leicht, Thalgauberg

Der Thalgau-Berg ist ein Langlauf-Kleinod. Selbst im April bietet z.B. die Wasenmoosloipe II (leicht) meist noch passable Schneeverhältnisse und der Langlaufverein legt sich absolut ins Zeug, um die Loipen perfekt zu warten. Neben dem kleinen Schlepplift, der bei Familien sehr beliebt ist, liegt das Gasthaus Wasenmoos. Es ist fast immer jemand für den Schiverleih anzutreffen, jedoch empfehlen wir unbedingt eine Voranmeldung, weil das Ganze ehrenamtlich vonstatten geht.

Ein Behälter für die Gebühr befindet sich beim Loipeneinstieg, manchmal ist auch ein Kassier am Parkplatz.
Für EinsteigerInnen ist die Wasenmoosloipe II (leicht) geeignet. Sie ist 4,4 km lang und hat nur leichte Steigungen. Laufrichtung ist gegen den Uhrzeiger.

Eignung für Kinder: Gut geeignet

O: 63 Oberascherloipe, Faistenau

Schiverleih auch am Wochenende!

Hier haben engagierte Touristiker ein wahres Langlaufparadies geschaffen. Eigens organisierte „Langlaufbusse“ bringen Bewegungsfreudige mitten ins Loipengebiet. Die Spur ist perfekt präpariert. So werden z.B. extra Schneedepots angelegt, um der Schneeschmelze so lange wie möglich entgegen zu wirken. Bei der Volksschule gibt's sogar Umziehmöglichkeiten und eine Brause, womit dem gemütlichen Einkehren im Anschluss nichts mehr im Wege steht. AnfängerInnen finden praktisch neben der Loipe beim Sportgeschäft Auer die geeignete Ausrüstung in jeder Größe. Rudi Auer und seine Familie sind selbst begeisterte Langläufer und es gibt immer wieder gute Tipps, wenn es um Ausrüstung oder das Geheimnis „waxeln“ geht.
Ah ja, und sonnig ist es hier auch meistens.

Absoluten Neulingen empfehlen wir die Oberascher Loipe, 4 km. Wer sich schon kleine Steigungen zutraut, dem empfehlen wir die Dorfloipe, 9,2 km.

Eignung für Kinder: Für Kinder empfehlen wir die Dorfloipe, die je nach Lust und Laune verlängert oder abgekürzt werden kann.

Ohne Schiverleih:

Fast alle „blauen" Loipen sind gut für EinsteigerInnen geeignet. Wir haben hier nochmals pro Kapitel jene Loipen ausgewählt, die unseres Erachtens sehr gut für AnfängerInnen und für Kinder geeignet sind.

S: 1 – 3 Hellbrunn und Salzburg Süd-Loipen

Diese Loipen sind fast brettleben und daher – je nach Schneelage – bestens für EinsteigerInnen geeignet. Darüber hinaus sind sie stadtnah und gut mit öffentlichen Verkehrsmitteln erreichbar.
Länge: 2 – 5,4 km.

S: 8 – 9 Bad Vigaun

In Bad Vigaun findet man ebenfalls ein ebenes Gelände vor. Ausleihmöglichkeiten gibt es beim TVB, jedoch nur für Erwachsene. Weiters gibt es eine Einstiegsstelle beim Bahnhof Bad Vigaun/ Langwieswirt.
Länge: 700 m – 3,4 km

W: Loipen 24, 25, 27 am Königssee

Beim Königssee können alle – bis auf die Untersbergloipe - empfohlen werden. Die gemäßigten Steigungen sind optimal für EinsteigerInnen.
Länge: 1 – 4,1 km

W: 37 Taufkirchen, Bayerisch Gmain

Für EinsteigerInnen empfehlen wir die Taufkirchen-Loipe. Zu Beginn ist jedoch ein ganz leichtes Gefälle zu bewältigen. „Unten" geht es dann schön und eben dahin.
Länge: 2,5 km

N: 47 Dorfloipe, Neumarkt

Nördlich von Salzburg eignet sich die Neumarkter Loipe – aufgrund ihrer Kürze und der minimalen Steigungen – am besten zum ersten Erproben.
Länge: 2,4 km

O: 68 Blinklingmoosloipe, Strobl

Aufgrund der Einfachheit der Loipe und der Schönheit der Landschaft kommen hier auch EinsteigerInnen in den vollen Genuss des Langlaufsports. Wichtig ist jedoch, nicht die Straße zu queren, sondern hier wieder retour zu laufen, da im hinteren Bereich schwerere Passagen zu bewältigen wären.
Länge: Ca. 4,2 km (siehe Skizze)

Flutlichtloipen

Bei den Flutlichtloipen gibt es solche, die regelmäßig und verlässlich beleuchtet und manche, die fallweise beleuchtet werden. Es ermöglicht auch Berufstätigen, nach der Arbeit an der frischen Luft Energie zu tanken.

Offizielle Flutlichtloipen:

S: 11 Gasteigloipe, Kuchl
S: 15 Flutlichtloipe, Abtenau
W: 31 Aschau I, Aschauer Weiher
O: 58 Flutlichtloipe, Thalgau Berg
O: 61 Nachtloipe, Faistenau

Eher fallweise werden folgende Loipen beleuchtet:

O: 49 Oberwinkl, Gaisberg: www.gaisberg.tv
O: 50 Sonnenloipe, Koppl: Hier muss man saisonell nachfragen.
Gemeinde Koppl, Tel. +43 (0)6221/7205, www.koppl.at,
O: 66 Perfall Loipe, Fuschl: www.fuschlsee.com oder
TVB Fuschl, Tel. +43 (0)6226/8384

Bus und Bahn

Wir haben nur jene Bus- und Zugverbindungen angegeben, wo wir eine Anreise mit öffentlichen Verkehrsmitteln als relativ einfach erachteten. Manchmal ergeben sich dadurch andere Ausgangspunkte (AP). Wenn Loipen nur durch mehrmaliges Umsteigen erreicht werden können oder längere Fußwege notwendig sind, haben wir von einem Hinweis auf die Anreise mit öffentlichen Verkehrsmitteln abgesehen.

1 Hellbrunn: Bus Nr. 25, Hst. Schloss Hellbrunn (von dort in den Park – dadurch geänderter Einstieg)

2-3 Grödig/Anif: Bus Nr. 25, Hst. Zoo Anif (Einstieg gegenüber Tiergarten, dadurch geänderter Einstieg)

4 Grödig Untersbergloipe: Bus Nr. 25, Hst. Feuerwehr Grödig (von dort für wenige Minuten Richtung St. Leonhard gehen, beim neuen Feuerwehrhaus Einstieg lt. Beschreibung)

5-6 Adnet Bus Nr. 450 von Hallein, Hst. Ortsmitte/Alte Feuerwehr – 450 m bis zum AP

7 Krispl: Bus Nr. 450 von Hallein nach Krispl Winkl, Hst. Krispl Hinterhof

8-9 Bad Vigaun: Mit der Bahn nach Bad Vigaun, Hst. Gasthof Langwies (dadurch geänderter Einstieg – siehe Skizze)

10 Kuchl Jadorfloipe - von Hallein Bus Nr. 170, Hst. Kuchl Marktplatz (250m bis zur Loipe)

14 Golling Salzachuferloipe: Mit der Bahn nach Golling, Hst. Golling (Beschilderung Richtung Bluntautal folgen – bzw. lt. Anfahrt bis zum AP) Die Bluntautal-Loipe kann via Göll-Loipe erreicht werden.

15 Abtenau Flutlichtloipe
Mit der Bahn nach Golling – Hst. Golling. Von dort mit Buslinie 470 bis Abtenau, Hst. Abtenau-Karkogelbahn. Die weiteren Loipen sind über die sehr schwierige Verbindungsloipe (siehe Skizze und Beschreibung) zu erreichen.

31-35 Loipengebiet Aschauer Weiher: Von Berchtesgaden mit Bus Nr. 837, Hst. Glückauf/ Aschauer Weiher

36 -37Loipen in Bayerisch Gmain: Bus Nr. 180 von Sbg. Hst. Bayerisch Gmain/Ort – 450 m bis zu beiden AP

43 Loipen in Eugendorf Bus Nr. 131 von Sbg. – Hst. Eugendorf/Dorfmitte – 200 m zum AP
44 – Bus Nr. 130 von Sbg. – Hst. Eugendorf/Kirchberg – 20m zum AP

46 Mattsee: Von Mattsee mit Bus Nr. 332 in Richtung Neumarkt. Hst. Mattsee Obernberg

47 Neumarkt: Bus Nr. 130 von Sbg. – Hst. Neumarkt Wallersee/Marktfeldsiedlung 180m zum AP

48 Henndorf: Bus Nr. 130 von Sbg. – Hst. Henndorf/Wallersee Siedlung – 200m zum AP

50 Koppl: Bus Nr. 150 oder 152 nach Koppl, Hst. Koppl Zentrum (Ortsmitte)

51 Mühlenloipe – Ebenau: zu weit weg, muss man über die Nr. 52 laufen

53-54 Hof: Bus Nr. 150 nach Hof, Hst. Hof Ortsmitte (ca. 250 m zur Loipe)

55 Thalgau Ort: Bus Nr. 140 nach Thalgau, Hst. Thalgau – Matthias Reiter Strasse (ca. 600m zur Loipe)

60-62 Faistenau: Bus Nr. 150 oder 155 nach Faistenau, Hst. Faistenau Schule

63 Oberascherloipe - Faistenau: Bus Nr. 150 oder 155 nach Faistenau, Hst. Faistenau Oberascher

64-65 Hintersee: Bus Nr. 150 oder 155 nach Hintersee, Hst. Hintersee Dreisesselbahn

66 Fuschl: Bus Nr. 150 von Sbg. - Hst. Fuschl am See/Brunnerwirt – 350m zum AP

67 Abersee: Bus Nr. 150 bis Gschwendt bei Strobl, Hst. Gschwendt bei Strobl; Simonbauer (ca. 280m bis zum Ghf. Wiesenhof)

68 Blinklingmoosloipe – Strobl: Bus Nr. 150 nach Strobl, Hst. Strobl-Urschlag

69 Weissenbachloipe – Strobl: Bus Nr. 150 nach Strobl, Hst. Strobl-Bahnstraße

Weitere Bücher aus unserem Verlag:

Neuerscheinung: Salzkammergut

Mit dem
Kinderwagen
in die
schönsten Regionen

ISBN: 978-39502908-2-0

Die schönsten Wanderungen für Jung & Alt im Salzburger und Berchtesgadener Land

ISBN: 978-3-9502908-0-6

Dieses Jahreszeiten-Wanderbuch bietet erstmals eine echte Auswahl für alle Witterungslagen, ob Hochsommer, regnerisches Wetter oder Winter. Manchmal ist man gehfaul, manchmal gehfreudig, manchmal schläft man lange, manchmal ist man früh auf den Beinen. Auf all diese Gemütslagen geht das Buch in seiner übersichtlichen Einteilung ein. Ein Blick genügt - und los geht's. Ein vielfältiger Wanderführer für Kinder wie für Erwachsene.

Salzburger- und Berchtesgadener Land

Über 50 knieschonende Wege, für Senioren wie für Familien bestens geeignet.

ISBN: 3-901866-06-x

**Wien -
Von der Wachau bis zum Neusiedler See**

Spazier- und Wanderwege mit vielen Tipps und Spielplätzen.

ISBN: 978-3-9502908-1-3

München

Von der Hallertau bis zum Karwendel, vom Ammersee bis Wasserburg – ein Jahreszeiten Wanderbuch für alle Wetterlagen – mit aber auch ohne Kinder.

978-3-901866-09-8

Linz, Wels - Oberösterreich

Neuauflage!

Themenwege, Almen,
lustige Schlittenpartien,
gemütliche Nahziel-Spaziergänge,
u.v.m.

ISBN: 978-3-9502908-3-7

Loipentagebuch

Loipen-Nr.: Loipen-Name:

Gelaufen im Monat ☐ Nov. ☐ Dez. ☐ Jan. ☐ Feb. ☐ März ☐ April

Wetter: ☐ Sonne ☐ Schnee ☐ bewölkt ☐ Regen

Temperatur: -15° -10° -5° 0° 5° 10° 15°

Schnee: ☐ Neuschnee ☐ patzig ☐ aufgefirnt ☐ hart ☐ eisig

Persönliche Notizen/Eindrücke/Erlebnisse:

Loipen-Nr.: Loipen-Name:

Gelaufen im Monat ☐ Nov. ☐ Dez. ☐ Jan. ☐ Feb. ☐ März ☐ April

Wetter: ☐ Sonne ☐ Schnee ☐ bewölkt ☐ Regen

Temperatur: -15° -10° -5° 0° 5° 10° 15°

Schnee: ☐ Neuschnee ☐ patzig ☐ aufgefirnt ☐ hart ☐ eisig

Persönliche Notizen/Eindrücke/Erlebnisse:

Loipen-Nr.: Loipen-Name:

Gelaufen im Monat ☐ Nov. ☐ Dez. ☐ Jan. ☐ Feb. ☐ März ☐ April

Wetter: ☐ Sonne ☐ Schnee ☐ bewölkt ☐ Regen

Temperatur: -15° -10° -5° 0° 5° 10° 15°

Schnee: ☐ Neuschnee ☐ patzig ☐ aufgefirnt ☐ hart ☐ eisig

Persönliche Notizen/Eindrücke/Erlebnisse:

Loipen-Nr.: Loipen-Name:

Gelaufen im Monat ☐ Nov. ☐ Dez. ☐ Jan. ☐ Feb. ☐ März ☐ April

Wetter: ☐ Sonne ☐ Schnee ☐ bewölkt ☐ Regen

Temperatur: -15° -10° -5° 0° 5° 10° 15°

Schnee: ☐ Neuschnee ☐ patzig ☐ aufgefirnt ☐ hart ☐ eisig

Persönliche Notizen/Eindrücke/Erlebnisse:

Loipen-Nr.: Loipen-Name:

Gelaufen im Monat ☐ Nov. ☐ Dez. ☐ Jan. ☐ Feb. ☐ März ☐ April

Wetter: ☐ Sonne ☐ Schnee ☐ bewölkt ☐ Regen

Temperatur: -15° -10° -5° 0° 5° 10° 15°

Schnee: ☐ Neuschnee ☐ patzig ☐ aufgefirnt ☐ hart ☐ eisig

Persönliche Notizen/Eindrücke/Erlebnisse:

Loipen-Nr.: Loipen-Name:

Gelaufen im Monat ☐ Nov. ☐ Dez. ☐ Jan. ☐ Feb. ☐ März ☐ April

Wetter: ☐ Sonne ☐ Schnee ☐ bewölkt ☐ Regen

Temperatur: -15° -10° -5° 0° 5° 10° 15°

Schnee: ☐ Neuschnee ☐ patzig ☐ aufgefirnt ☐ hart ☐ eisig

Persönliche Notizen/Eindrücke/Erlebnisse:

Loipen-Nr.: Loipen-Name:

Gelaufen im Monat ☐ Nov. ☐ Dez. ☐ Jan. ☐ Feb. ☐ März ☐ April

Wetter: ☐ Sonne ☐ Schnee ☐ bewölkt ☐ Regen

Temperatur: -15° -10° -5° 0° 5° 10° 15°

Schnee: ☐ Neuschnee ☐ patzig ☐ aufgefirnt ☐ hart ☐ eisig

Persönliche Notizen/Eindrücke/Erlebnisse:

Loipen-Nr.: Loipen-Name:

Gelaufen im Monat ☐ Nov. ☐ Dez. ☐ Jan. ☐ Feb. ☐ März ☐ April

Wetter: ☐ Sonne ☐ Schnee ☐ bewölkt ☐ Regen

Temperatur: -15° -10° -5° 0° 5° 10° 15°

Schnee: ☐ Neuschnee ☐ patzig ☐ aufgefirnt ☐ hart ☐ eisig

Persönliche Notizen/Eindrücke/Erlebnisse:

Loipen-Nr.: Loipen-Name:

Gelaufen im Monat ☐ Nov. ☐ Dez. ☐ Jan. ☐ Feb. ☐ März ☐ April

Wetter: ☐ Sonne ☐ Schnee ☐ bewölkt ☐ Regen

Temperatur: -15° -10° -5° 0° 5° 10° 15°

Schnee: ☐ Neuschnee ☐ patzig ☐ aufgefirnt ☐ hart ☐ eisig

Persönliche Notizen/Eindrücke/Erlebnisse:

Loipen-Nr.: Loipen-Name:

Gelaufen im Monat ☐ Nov. ☐ Dez. ☐ Jan. ☐ Feb. ☐ März ☐ April

Wetter: ☐ Sonne ☐ Schnee ☐ bewölkt ☐ Regen

Temperatur: -15° -10° -5° 0° 5° 10° 15°

Schnee: ☐ Neuschnee ☐ patzig ☐ aufgefirnt ☐ hart ☐ eisig

Persönliche Notizen/Eindrücke/Erlebnisse:

Absender

Name: ______________________

Adresse: ______________________

____

Tel.Nr. (für Rückfragen): ______________________

Mail: ______________________

Bestellmöglichkeit durch einfaches Ankreuzen:

☐ Kinderwagen-Wanderungen Sbg./BGL, 14,90
☐ Kinderwagen-Wanderungen Salzkammergut, 15,20
☐ Kinderwagen-Wanderungen Linz/OÖ, 14,90
☐ Kinderwagen-Wanderungen Wien, 14,50
☐ Kinderwagen-Wanderungen München, 13,90

☐ Kinder-Wanderungen f. Vor- und Volksschulkinder, 14,90

Lieferung zuzüglich Porto.

____
Datum, Unterschrift
(Bestellung nur gültig mit Unterschrift)

Porto beim
Empfänger
einheben

An den
Wandaverlag
Wanda Kampel VerlagsKG
Römerstraße 16
A-5081 Anif

Wir möchten beständig besser werden. Sagen Sie uns deshalb Ihre Meinung!

(nach Schulnotensystem: 1 = sehr gut, 5 = nicht genügend)

	1	2	3	4	5	Kommentar:
Grafische/optische Aufbereitung	☐	☐	☐	☐	☐	____________
Überblickstabelle	☐	☐	☐	☐	☐	____________
Fotos	☐	☐	☐	☐	☐	____________
Loipendaten (Schwierigkeitsgrad etc.)	☐	☐	☐	☐	☐	____________
Texte (Charakteristik)	☐	☐	☐	☐	☐	____________
Anfahrtsbeschreibung	☐	☐	☐	☐	☐	____________
Ausgangspunkte/Parkmöglichkeiten	☐	☐	☐	☐	☐	____________
Infos/Gaststätten	☐	☐	☐	☐	☐	____________
Angebote/Tipps	☐	☐	☐	☐	☐	____________

Haben Informationen gefehlt? Wenn ja, welche? ____________________

____

Kommentar/Anregungen: ____________________

____

where next
GARMIN.
NEUE SPUREN BRAUCHT DAS LAND.
Such Dir neue Ziele! Am besten mit dem eTrex 30. Intuitiv in der Bedienung und hart im Nehmen. Du genießt den Schnee - er bringt Dich zurück.
eTrex 30
Berggasthof Hotel Igelwi
Go
GARMIN
FISCHER

NEW
XIUM
LIGHTER.FASTER.
ROSSIGNOL